掌握贸易主动权
贸易救济案例研究

杨素琳　李姜红　主编

广西科学技术出版社
·南宁·

图书在版编目（CIP）数据

掌握贸易主动权：贸易救济案例研究 / 杨素琳，李姜红主编 .—
南宁：广西科学技术出版社，2024.6
ISBN 978-7-5551-2197-8

Ⅰ.①掌…　Ⅱ.①杨…　②李…　Ⅲ.①保护贸易—案
例—广西　Ⅳ.① F752.867

中国国家版本馆 CIP 数据核字（2024）第 107437 号

掌握贸易主动权：贸易救济案例研究

ZHANGWO MAOYI ZHUDONGQUAN MAOYI JIUJI ANLI YANJIU

杨素琳　李姜红　主编

责任编辑：马月媛　　　　　　　　封面设计：梁　良
责任印制：韦文印　　　　　　　　责任校对：苏深灿

出 版 人：梁　志
出版发行：广西科学技术出版社　　地　　　址：广西南宁市东葛路66号
邮政编码：530023　　　　　　　网　　　址：http://www.gxkjs.com

印　　刷：广西雅图盛印务有限公司

开　　本：710 mm×1010 mm　1/16
字　　数：135千字　　　　　　　印　　张：11.25
版　　次：2024年6月第1版　　　印　　次：2024年6月第1次印刷
书　　号：ISBN 978-7-5551-2197-8
定　　价：60.00元

编委会

顾　问：班克庆　高永刚

主　编：杨素琳　李姜红

编　委：麻源澈　张芷瑜　朱振东　罗津源
　　　　杨小坚　刘芷妍　李流团　陆　露

前言

为有效应对《区域全面经济伙伴关系协定》（RCEP）的实施对广西外向型产业带来的冲击和挑战，深入分析区内产业（企业）应对贸易摩擦状况，汲取有效应对经验，补充和完善区内贸易救济预警理论机制，为外向型企业提供智力支持与法律服务，助力全区对外经济健康高速发展，广西国际商务职业技术学院自由贸易试验区政策研究院充分发挥广西贸易救济与产业安全预警工作站的平台作用，组织广西贸易救济与产业安全预警工作站相关专家和学者以线上线下相结合的模式开展调研，收集广西外向型企业贸易救济案例的珍贵资料，编写了本书。

本书前三章分别是贸易救济措施的运用、广西贸易救济工作的优化、RCEP争端解决机制问题与完善，后六章是广西外向型企业在对外贸易活动中真实发生的典型的贸易救济案例及其分析。案例按照案件简介、案件过程、案件影响、案件启示的思路精心设计，内容翔实，述论结合，可帮助读者对贸易救济形成完整清晰的认知，同时为外向型企业应对贸易摩擦风险提供切实可行的借鉴思路。因本书基于现实案例编写，故对相关企业名称做了相应处理。

本书系广西哲学社会科学规划研究课题"RCEP贸易救济对我国产业安全的影响与对策研究"（22BGJ003）和广西国际商务职业技术学院课题"RCEP框架下中国自由贸易试验区贸易救济与产业安全预警研究"（GSA2022006）的研究成果之一。在本书编写过程中，我们参考了国内外许多学者的研究资料，在此表示诚挚的谢意！由于编者水平有限，加上时间仓促，本书难免有不足之处，恳请广大读者批评指正！

编　者
2023年10月

目　录

第八章　电线电缆出口反倾销案

第九章　硫化机出口反倾销案

第一章

贸易救济措施的运用

　　贸易救济措施作为国际贸易领域的术语，指的是一国在开展对外贸易活动时，国内相关产业由于受到不公平的贸易行为或过量进口的冲击而遭受不同程度的损害，该国政府给予该产业一定的帮助或救助。WTO 为了维护公平贸易和正常的竞争秩序，允许成员方在进口产品存在倾销、补贴和过激增长等行为而给相关产业造成损害的情况下，可以使用反倾销、反补贴和保障措施等贸易救济措施，保护成员方相关产业不受损害。WTO 官方确定的贸易救济措施包括反倾销、反补贴和保障措施三种类型，其中反倾销措施和反补贴措施"反"的是进口产品低价销售对成员方同类产品造成价格歧视的不公平贸易行为，保障措施"保"的是进口产品激增对成员方同类产品造成冲击的贸易行为。RCEP 贸易救济措施对 WTO 三大贸易救济措施进行了优化和细化，更适合区域贸易经济发展。

一、WTO 反倾销措施关键点及运用

　　WTO 反倾销措施的实施依据是《1994 年关税与贸易总协定》第六条和 WTO《反倾销协定》。WTO《反倾销协定》对如何认定倾销、如何认定倾销所造成的损害及其因果关系，以及实施反倾销措施的具体程序作了明确的规定。

（一）倾销行为的认定

　　WTO《反倾销协定》第二条对倾销行为作出约定。如果出口产

品以低于正常价值的价格出口，即出口价格小于正常价值，则存在倾销。在这个环节，正常价值的确定是难点。正常价值是出口产品在出口国市场上同类产品或相似产品的可比价格。同类产品或相似产品的价格在这里起到参照目标的作用。为了保证正常价值的可比性，出口产品与其同类产品或相似产品在销售数量、销售时间和生产地区等因素应保持相对一致性，即尽量保持相同的贸易水平，避免影响价格可比性的差异因素存在，以选择出口产品及其同类产品或相似产品的出厂价格为宜。如果难以获取到上述产品的出厂价格，则在销售价格基础上扣除运输费、仓储费、管理费、税费、利润等合理的中间费用，把价格还原到上述产品的出厂价格水平，再进行比较。值得注意的是，正常价值和出口价格的比较通常是在相同的贸易条件下加权平均正常价值与全部出口交易的加权平均价格，或两者的单笔交易与单笔交易之间进行比较。

（二）损害的认定

《1994年关税与贸易总协定》第六条和WTO《反倾销协定》对损害作出约定。损害是指进口产品对输入方已经确立的产业有实质性的损害，或对输入方已经确立的产业可能带来实质性的损害，或实质上延缓输入方相关产业的确立。换句话说，损害是指进口产品对进口方已建产业造成实质损害或实质损害威胁，或对拟建产业造成实质阻碍。损害的认定不能依据指控、推测、凭空想象或虚构，必须有可量化的事实作为依据。常用的数据有倾销产品的数量、倾销对进口方同类产品价格的影响以及对同类产品生产者的影响。其中，倾销对进口方同类产品生产者的影响又可以用产量、销售、库存、市场占有率、投资收益、开工率等具体指标来认定损害的大小。倾销和损害的存在还不能成为进口方采取反倾销措施的正当理由。根据《1994年关税与贸易总协定》第六条和WTO《反倾销协定》的约定，一项对外贸易活动只有同时存在倾销和损害，且两者是因果关系，进口方才能采取反倾销措施。可见，一国开展贸易救济之反倾销需要具备三要素：倾销存在、损害存在、倾销产品与被指控的损害之间是因果关系。三要素缺一不可。

（三）反倾销措施的主要程序

①发起反倾销案件调查。进口方商务部在收到由国内产业或代表国内产业提出的反倾销调查书面申请后，可对被指控的倾销存在、倾销程度和倾销影响等事项发起调查。国内产业或代表国内产业递交的反倾销申请材料应包括足以证明倾销存在、损害存在、两者有因果关系的一系列证据，以便商务部确定有足够的证据证明发起调查是正当的。

②采取临时性措施。在进口方商务部对本案作出初步肯定裁定后，为了防止损害进一步增加，允许对本案进口产品采取征收临时关税或现金保证金或保函等临时性措施。临时性措施实施时长一般4个月，最长不超过9个月。

③价格承诺。进口方商务部在收到出口商对出口价格的提价承诺，并消除倾销的损害性影响后，可以中止或终止对本案的调查程序，同时取消已采取的临时性措施。

④征收反倾销税。进口方商务部完成反倾销的调查取证工作并对本案作出最终肯定裁定后，即可开始征收反倾销税。反倾销税的征收应不超过WTO《反倾销协定》第二条所确定的倾销幅度。根据倾销幅度的计算公式：倾销幅度 =（正常价值 - 出口价格）/ 出口价

格 ×100%，倾销幅度的计算结果有三种可能：第一种可能是倾销幅度 ≤ 0，说明出口价格高于或等于正常价值，此时不存在倾销，进口方商务部不予立案，不予征收反倾销税；第二种可能是 0 < 倾销幅度 ≤ 2%，此时可能存在倾销，但倾销幅度较小，对进口方同类产品的损害也小，可忽略不计，进口方商务部不予立案，不予征收反倾销税；第三种可能是倾销幅度 > 2%，此时存在倾销，如果调查证明对进口方同类产品存在损害，且倾销与损害是因果关系，则进口方商务部予以立案并作出肯定裁定，实施最终反倾销措施，并结合倾销幅度的大小征收反倾销税。

⑤案件日落复审。根据《1994 年关税与贸易总协定》第六条和 WTO《反倾销协定》的约定，一次裁定执行的反倾销税的征收时间不能超过 5 年，在期满前的合理时间内，国内产业或其代表产业可以向进口方商务部提出复审请求，确定反倾销税是否需要继续征收或提高征收。如果终止征收反倾销税可能导致该案倾销和损害的继续或再度发生，则经进口方商务部审定后可继续征收反倾销税。

二、WTO 反补贴措施关键点及运用

WTO 反补贴措施的实施依据是《1994 年关税与贸易总协定》第六条和 WTO《补贴与反补贴措施协定》。根据 WTO《补贴与反补贴措施协定》，补贴是指由 WTO 成员境内的政府或其他政府机构向境内企业提供的财政资助，包括被禁止的补贴、可诉讼的补贴、不可诉讼的补贴三种类型。这三种类型的补贴中，被禁止的补贴是 WTO 禁止使用的补贴，任何成员方不允许采用任何理由或借口对本国出口企业使用；可诉讼的补贴虽然 WTO 没有明令禁止，但如果该补贴对进口成员方相关产业造成实质损害或实质损害威胁，WTO 允许受损

害的进口成员方向 WTO 争端解决机构提起诉讼；不可诉讼的补贴主要包括成员方政府根据国家总体规划对落后地区的补贴，为改善境内公共环境提供的环境治理经费，对企业、学校或科研机构提供的科研活动资助经费以及其他不具有专向性的补贴等。WTO 不支持进口成员方对不可诉讼的补贴发起诉讼。

反补贴措施的实施条件与反倾销措施一样，必须具备补贴存在、损害存在、受补贴的产品与被指控的损害之间是因果关系三个要素，且三要素缺一不可等条件。反补贴措施的实施一般包括案件调查、采取临时性措施、价格承诺、征收反补贴税等程序，且反补贴税的征收不能超过出口产品所接收的补贴额度。由于补贴是出口国政府行为，调查取证比反倾销措施更难且周期更长，导致反补贴案件立案后无法结案时有发生。

三、WTO 保障措施关键点及运用

WTO 保障措施的实施依据是《1994年关税与贸易总协定》第十九条和 WTO《保障措施协定》。根据 WTO《保障措施协定》，成员方境内某项产品的进口激增对国内同类产品的产业造成了严重损害或严重损害威胁，且进口激增和该产业损害存在因果关系，则该成员方可实施保障措施。保障措施的实施必须是非歧视性的，对造成国内该产业损害的所有进口产品要一视同仁，只针对产品而不管产品来源于哪个国家。这是保障措施区别于反倾销措施和反补贴措施最大的不同点。保障措施的形式主要有采用数量限制和增加关税两种，实施期限一般是4年，最长不超过8年，发展中国家可以延长2年，最长不超过10年。

四、RCEP 贸易救济措施优化及运用

RCEP 在协定中专门设置了第七章对贸易救济内容进行了明确和规范。RCEP 第七章内容包括两节十六条：第一节是 RCEP 保障措施，共有 10 个条款；第二节是反倾销和反补贴税，共有 6 个条款。

（一）RCEP 贸易救济措施优化

RCEP 在第七章第九条和第十一条明确规定，协定保留（不得影响）缔约方在《1994 年关税与贸易总协定》第六条和第十九条、WTO《保障措施协定》《反倾销协定》《补贴与反补贴措施协定》项下的权利和义务。在此基础上，RCEP 对贸易救济措施进行了优化，增加了 RCEP 过渡性保障措施，明确了各方在核定倾销幅度时"禁止归零"的做法，细化了反倾销措施、反补贴措施在调查取证阶段信息核查的通知时间及调查文件资料的提供时间。

（二）RCEP 过渡性保障措施运用

根据 RCEP 第七章第二条，RCEP 各成员方按协定规定削减或取消关税，导致进口激增，对进口成员方同类产品或直接竞争产品的国内产业造成严重损害或严重损害威胁，进口成员方在防止严重损害并便利国内产业调整所必需的限度和期限内可实施 RCEP 过渡性保障措施。过渡性保障措施的实施形式有两种，一是中止继续削减关税税率，二是提高关税税率。其中关税税率的提高不得超过进口成员方正在实施的该原产货物的最惠国关税税率，或 RCEP 对该进口成员方生效之日的前一日正在实施的最惠国关税税率。RCEP 特别强调不允许使用关税配额和数量限制作为 RCEP 过渡性保障措施的实施形

式，体现了过渡性保障措施包容和温和的特点。在实施范围和期限上，过渡性保障措施仅限于防止严重损害并便利进口方国内产业调整所必需的限度和期限内，一般不超过3年，特殊情况下可延长1年，针对最不发达的缅甸、老挝、柬埔寨等RCEP成员方可再延长1年。为了保证各成员方不滥用过渡性保障措施，RCEP以负面清单的形式明确了不得采用过渡性保障措施的情形：RCEP开始执行削减或取消关税的第一年内、实施过渡性保障措施期满后、不超过百分之三的微量进口、最不发达成员方等，任何成员方都不得实施过渡性保障措施。

（三）RCEP反倾销措施"禁止归零法"运用

RCEP第七章专门设置了"第十三条　禁止归零"条款，明确指出，进口成员方在确定、评估或复审倾销幅度时应当将所有正倾销与负倾销都纳入"加权平均对加权平均"和"逐笔交易对逐笔交易"的比较中，并保留进口方采用加权平均对逐笔交易比较的相关权利和义务。"归零法"是将负倾销按零计算，以此提高该案件的总倾销幅度，进而增大对该案进口产品的处罚力度，以达到对进口成员方境内同类产品进行保护的目的。目前少数WTO成员还延用"归零法"计算倾销幅度。RCEP是首个将"禁止归零"的做法纳入贸易救济措施的自由贸易协定。

（四）RCEP贸易救济措施其他条款运用

调查程序是贸易救济措施能否得以实施的首要关键环节。RCEP第七章细化了反倾销措施、反补贴措施在调查取证阶段的相关内容，规定了代表进口方的调查机构在开展调查活动前至少提前7个工作日将实地调查时间、实地调查内容清单、应诉方需要准备的证明文件等信息告知应诉方；应诉方在收到调查申请后，在开展调查活动前至少提前7天以书面通知的形式回复进口方调查机构已收到调查申请。

第二章
广西贸易救济工作的优化

RCEP 涵盖了全球约30% 的 GDP，是最大的一项自由贸易协定，不仅能推动亚太地区经济发展，还能提高区域内国家的竞争力。贸易救济在国际贸易中有着灵活的变位，在不同自由贸易区和贸易协定中，判定细则和处理方式上各有不同，导致贸易救济监管缺失、权力滥用。广西作为中国与东南亚国家之间贸易和投资的重要枢纽，享受来自 RCEP 其他成员国的贸易便利和经济合作机会，如何根据新变化对广西贸易救济工作进行优化，对于促进国际贸易公平化、合理化和广西经济健康发展具有重要意义。广西在 RCEP 发展浪潮中寻求保护自身贸易安全和贸易救济工作的优化策略，可促进广西贸易救济工作的有效运行和高质量发展，推动广西融入国际经济体系并提升贸易竞争力。

一、广西贸易救济工作发展现状

（一）贸易救济调查数量不断上升，广西优势产业抗风险能力较弱

自2012年起至2020年，贸易保护措施数量呈不断上升趋势。2020年至2023年，全球对中国发起的贸易救济案件中包括反倾销208起，占比72.47%；反补贴37起，占比12.89%；保障措施42起，占比14.63%。[1] 在此情况下，对中国实施贸易救济措施往往涉及对出口的

---

[1] 数据来源：中国贸易救济信息网。

商品征收关税或实行其他限制措施，而广西外向型企业多为出口粗加工的原材料或零部件，优势产品多数位于产业链中上游，若被实行贸易限制措施会导致其生产成本直线上升，对其竞争力乃至企业本身的经营造成很大影响。经调查，越南和加拿大对中国发起的铝型材反倾销调查对广西铝业造成了很大的打击，广西涉案铝企最终被征收22%~35.58%的高税率，进而导致2021年的出口量为近三年最低，不仅出口量急剧下滑，还造成平果市某铝企倒闭，南宁市某铝企也进行了产业转型，其余众多铝企纷纷转换市场。而铝业作为广西的特色产业，主要出口铝原材料，加上政府扶持，原本在东南亚就具有很大的竞争力和宽广的销售渠道，不易受一些产业链重组合并的影响，但是在遭到越南实施贸易限制措施并被征收高额税款后一蹶不振。出口体量大和市场稳定的铝产业尚且如此，可见广西其他弱势产业在遭遇贸易限制措施后受到的打击只会更大。广西作为出口中小产品产业的原材料大省区，贸易保护主义激增加上贸易救济限制措施对广西本土产业来说影响巨大，及时地优化贸易救济工作才能更好保护区内的优势产业。

（二）贸易救济与产业安全预警工作站作为桥梁作用日益凸显

广西积极响应《商务部办公厅关于健全预警和法律服务体系、开展贸易调整援助工作的通知》（商办救济函〔2020〕209号）文件精神，成立了6家贸易救济与产业安全预警工作站，涵盖了林业、陶瓷、电线电缆和食糖等广西优势产业。工作站作为四体联动中的"中介组织"的具体组织单位，在应对贸易救济调查案件的预警、宣传、培训、发动和指导应诉、对外抗辩与交涉等方面起着组织与协调的功能。由于政府主要是对应诉企业起到监督和指导的作用，对于提前做出预警信息、具体组织行业抗辩和协助应诉等细节工作比较有限，但在实地核查和抗辩期对案件往往有着很大的影响。工作站的成立，无疑缩短了政府和应诉企业间的沟通距离，加强了信息互通互享，起到了承上启下的桥梁作用。故可从强化工作站的桥梁作用入手来优化广西贸易救济工作。

二、RCEP 在贸易救济调查方面作出的新努力

根据广西壮族自治区统计局的数据（2021），广西对 RCEP 成员国的贸易额持续增长。RCEP 的实施将降低贸易壁垒，实现90% 的区域零关税，加强广西与其他成员国之间的贸易联系，为广西产业和产品提供更广阔的贸易市场。但在区域内贸易流动进一步扩大的同时，会使本国产业面临来自其他国家更激烈的市场竞争，导致本国产业受到冲击，引发某些国家的贸易保护主义情绪，导致贸易争端和摩擦加剧。为了减少市场开放所带来的冲击，RCEP 以 WTO 贸易争端解决机制为基础，借鉴国际高标准规则，在传统的"保障措施"和"反倾销、反补贴"两大内容的基础上，在第七章对贸易救济措施做出了更为具体的界定，这对于广西企业来说是一个重要的政策导向，需要重点关注以防范和化解风险。

补充内容主要包括两个方面：在保障措施层面，RCEP 在肯定 WTO 相关协定的前提下，建立了"过渡保障措施"制度，以弥补因履约减少税收所造成的损失，但适用条件和时限更为苛刻；在反倾销与反补贴调查中，对书面资料、协商机会、裁定公告与说明等进行了规定，以提高 RCEP 成员国贸易救济调查工作的透明度。

首先是针对传统的实地核查前提前告知义务实施困难的问题。

RCEP 第七章第十一条第二款规定：应当设法在进行现场核实之前，至少提前7个工作日通知被调查方，并争取在进行现场核实之前至少7个工作日提交书面材料，其中须列出被调查方在核实过程中准备回答的问题和所需的辅助材料。

其次，针对异国利害方无法便捷查阅案卷信息的问题。RCEP 第七章第十一条第二款和第三款规定：主管部门对每个调查及审查个案，均须建立一个非保密档案，其中包含一切不保密档案及保密资料的非保密摘要；主管部门须在他们的日常办公时间进行实地查阅、复印，并以电子的形式将以上不保密的文件提供给利害相关者。协定不但突出了利害相关者有责任提供保密文件和非保密文件资料，而且也阐明了文件以电子形式提供，处理非机密档案并形成摘要。

对于利害双方所提供的信息不被接受的情况，RCEP 第七章附件一第一款规定：不仅需要像反倾销协定一样告知不被接受的理由，还需要告知该理由的具体内容，这样可以提高利害双方提供证据的效率。

最后，RCEP 第七章附件一第五至七款强调了主管机关发布反倾销调查（并未提及反补贴调查）的最终裁定的公告和说明义务。以往是只告知，但对于是否要作出阐释的规定很模糊，这对于一些欠发达地区和国家来说就会出现逻辑不清、敷衍了事的情况。此次补充规定主管机关还应说明调查结果和结论所依据的理由，可以让主管机关说明结果和作出结论时更加客观、谨慎。

可见，RCEP 的贸易救济规则主要是着力于提高调查程序的透明度和水平。除了市场开放会带来冲击，还有一种特殊情况，即当某一产品只在 RCEP 成员国中采取了降税安排的情况下，如果广西正在面临贸易摩擦，此种降税行为可能被视为一种贸易报复或制裁行为，从而进一步加剧贸易纠纷。所以，我们可以根据新补充规定，在应诉期间充分利用规则维护权益，针对性优化现阶段的贸易救济工作，能更快更好地适应自由贸易区的贸易流通环境。

三、广西贸易救济工作优化路径

在构建国际国内双循环发展战略的背景下，为确保本地产业能够在公平的竞争环境下发展，抵御国外不正当贸易行为对本地产业的冲击，保证广西投资环境稳定，扭转企业在贸易救济调查中的被动地位，企业应当主动参与到贸易救济和预警工作中来，摸熟摸透贸易救济调查规则，积极应诉；同时，政府要加大对贸易救济与产业安全预警工作站的支持力度和对企业的引导力度，提高贸易安全性和竞争力，加强广西外贸行业的抗风险能力。

（一）主管部门做好对企业的引导工作

商务主管部门定期针对不同贸易区、国别和新签订的国际贸易协定召开培训班，加强企业外贸人员对国内外贸易救济政策的学习和了解，熟悉相应的贸易救济措施、程序和规则，掌握贸易救济的专业知识和技能，增强对贸易救济工作的理解和应对能力。企业对于学习贸易救济相关知识的意愿不强，主要是因为这类专业人才较少，且贸易救济规则繁杂。此时，主管部门主导开展培训，可以加强企业对贸易救济规则和政策的认识和理解，培养企业的贸易救济意识和自主防范能力，让企业了解到应诉也有人力和资金支持，从而提高他们的应诉积极性，改变不愿意花钱应诉导致整个产业受到冲击的情况。

（二）引导优势产业主动对侵害我国利益的进口产业和产品发起贸易救济调查

引导广西企业主动发起贸易救济调查，以减轻来自国外的竞争压力，有助于提升广西企业的市场份额和利润空间，加强其在国内市场的地位。广西优势产业往往对当地就业和经济发展起到重要支撑作用。广西优势产业多为农产品粗加工和工业品原料出口，出口量大且有固定的销售市场，给广西带来大量的就业机会。但往往也是这些产业极易受到外国产品的打压，某些国家或地区可能通过非法补贴、倾销或其他不正当手段侵害广西优势产业利益，导致产业衰退、就业减少，造成经济不稳定。广西作为全国最大的产糖大省区，覆盖了近10万产业工人，给2000多万农民提供了脱贫致富的机会，却在2014至2015年期间屡屡遭到国外低价食糖的冲击，连续三年进口量严重超过需求量，致使食糖价格大幅下跌。通过主动发起贸易救济调查，可以尽早识别和应对本产业即将面临的风险，及时稳定国内市场，从而维护产业的正常竞争秩序。

（三）引导行业龙头企业加入贸易救济与产业安全预警工作站的建设

以往的贸易救济调查工作主要是由政府引导，企业直接和律师对接开展应诉工作。但往往因为双方工作性质的限制，导致企业只能跟着律师走流程应诉的状况，甚至有企业到案件结束了还不清楚如何为企业争取利益，觉得只要被起诉，就直接等于败诉，导致企业失去信心，放弃很多争取权益的主动权，造成应诉调查工作有心无力的局面。贸易救济与产业安全预警工作站作为中介组织，主要工作就是负责进行市场调研和监测，关注国际市场动态和贸易竞争状况，及时掌握对其业务有影响的贸易救济案件或争端，为后续的贸易救济行动提供基础数据和相关证据，给企业提供应诉工作咨询。应诉需要一个领头羊，优势行业企业如能成立工作站，在相关产业受到贸易救济调查时可以协助企业制订贸易救济行动方案，提供经验支持，必将成为广西面对贸易摩擦的中坚力量。加上主管部门的指导，多方共同应对贸易救济挑战、推动行业的贸易救济工作顺利开展，可以大幅提高抗辩的成功率。

　　总体而言，在 RCEP 背景下，广西应更主动面对贸易摩擦，更积极优化贸易救济工作，扭转被动应诉、消极对待的局面，从而在 RCEP 发展浪潮中保护自身贸易安全，抓牢自由贸易区的发展机遇。

第三章

RCEP 争端解决机制问题与完善

2023 年 6 月 2 日，RCEP 正式对菲律宾生效。这标志着 RCEP 对 15 个成员国全面生效，全球最大的自贸区将进入全面实施新阶段，为世界经济复苏注入新动力。RCEP 涵盖最多的世界人口，具有最多元的成员结构、最大的经贸规模和发展潜力，在实施过程中，区域内的国际贸易纠纷数量势必会增加。为了塑造更加公正合理的治理体系，深入研究 RCEP 的争端解决机制具有重要意义。

一、RCEP 争端解决机制的内涵

"RCEP 的制度设计全面贯彻了互联互通的共商理念、权责共担的共建理念、互利共赢的共享理念，以民生幸福为国际合作的最终目标，是'构建人类命运共同体'理念的伟大实践。"[1] 在我国立足新发展阶段、贯彻新发展理念、构建新发展格局的关键期，RCEP 的实施无疑对此具有重大的推动作用。我国应当以 RCEP 为契机，加强区域经贸合作的沟通与协作，把握此次带来的巨大机遇，充分做好应对社会与法律双重风险的措施。[2]

RCEP 争端解决机制具有维护区域贸易协定规则的权威性、维持 RCEP 成员间的有效合作关系、推动成员间的经济贸易一体化和积极

[1] 马忠法，谢迪扬.""构建人类命运共同体"理念下的《区域全面经济伙伴关系协定》[J].上海对外经贸大学学报，2022（1）：5–19.
[2] 张晓君，曹云松.RCEP 区域投资机遇下的风险与应对［J］.国际商务研究，2021（5）：11–21.

创设稳定可预测的国际贸易环境等功能。[1] 为解决缔约方之间就协定解释和适用产生的争端提供高效、便捷、可行的规则和依据，RCEP 专章设立争端解决机制。"RCEP 争端解决机制适用于缔约方之间就协定解释和适用相关的争端解决，以及一缔约方认为另一缔约方的措施与本协定项下的义务不相符或者另一缔约方未履行本协定项下的义务的情况"。[2] 可见该争端解决机制适用范围宽广，且具有一定的约束力。

二、RCEP 争端解决机制的特点

（一）争端解决方式灵活

作为争端提交进入专家组仲裁的前置程序，磋商为争端各方提供一个相对缓和的空间，以达成各方普遍可接受的方案，大大降低了争端解决的成本。[3]RCEP 争端解决机制是建立在专家组审查机制基础之上的，在争端任何阶段都给予充分的磋商、斡旋、调解或调停等可替代性纠纷解决方式的机会。"争端各方也可以在任何时候同意自愿采取斡旋、调解或调停等争端解决的替代方式，并且可以由任何争端方在任何时间终止。"[4]RCEP 缔约国经济发展水平和综合国力差异较大，同时包括日本、澳大利亚、新西兰、韩国、新加坡 5 个发达国家，文莱、马来西亚、越南、印度尼西亚、菲律宾、泰国、中国 7 个发展

[1] 钟立国 . 区域贸易协定争端解决机制：理论及其条约法实践 [M] . 上海：上海人民出版社，2014 .
[2] 袁星 . RCEP 争端解决机制及对中国的意义 [J] . 对外经贸，2021（8）：51–54.
[3] 王茜，高锦涵 . RCEP 争端解决机制构建研究 [J] . 国际展望，2018（2）：134–152，158.
[4] 袁星 . RCEP 争端解决机制及对中国的意义 [J] . 对外经贸，2021（8）：51–54.

中国家，老挝、柬埔寨、缅甸 3 个最不发达国家，因此各国的利益诉求不尽相同。亚太地区区域合作框架纵横交错，域内新老机制之间存在交叉重叠，例如 RCEP 和 CPTPP 的成员国既具有重合部分，又有差异部分。RCEP 争端解决机制能够最大限度地兼顾各方的需要，为其解决争端提供更多的选择性和可能性，符合区域合作争端解决的发展方向。此外，RCEP 争端解决机制赋予了争端方选择解决场所的权利，同时排除选择其他场所。

（二）时效性较强

RCEP 借鉴了 WTO 的争端解决机制，但 RCEP 要求程序时限上更短、时效性更强。RCEP 要求被诉方的答复期限、专家组提供最终报告的时间相较于 WTO 都有所缩短。若贸易争端解决时间过长，即使最终得到解决，也将在一定程度上影响争端各方关于争端产品进出口的增长。[1] 上诉机构曾经被誉为"WTO 皇冠上的明珠"，但是近年来随着国际形势的日益复杂，不断激增的上诉案件数量导致超期审理的案件数量日益增多。对此，RCEP 争端解决机制并不设立上诉程序，而使用专家组一审终审制，专家组具有独立的核心地位，专家组最终报告具有终局性，争端各方受其约束，避免了争端各方上诉的可能性。

（三）充分考量和平衡各成员国利益

RCEP 是由东盟十国发起，邀请中国、日本、韩国、澳大利

---

[1] 林波. 全球治理背景下 WTO 争端解决机制效率研究［J］. 技术经济与管理研究，2017（7）：88–92.

亚、新西兰、印度共同参加，通过削减关税及非关税壁垒，建立16国统一市场的自由贸易协定，但印度由于国内原因并未加入 RCEP。RCEP 是以东盟为领头羊的区域经济一体化组织，东盟十国具有相似的历史背景以及发展需求，因此在制订争端解决机制时会从维护大部分缔约国的最大利益角度上衡量。

"在世贸组织（WTO）制定的众多条款来看大部分是为了维护发达国家的利益，完全没有考虑缔约国中发展中国家利益。北美自由贸易区也是主要由发达国家构成的具有区域性特点的经济组织，它的争端解决方式主要着眼于解决有关发达国家之间或者发达国家和发展中国家发生争端的机制。"[1]RCEP 争端解决机制设置了最不发达国家缔约方特殊差别待遇，相关内容在序言及条款中均有所提及。对此，RCEP 的争端解决机制将会给发展中国家之间的有关纠纷争端解决创造一个健康的环境。因此，RCEP 投资章节体现出明显的亚洲特色，是东盟十国、中国等亚洲国家国际投资协定实践和经验的凝练与升华，体现了高水平、平衡化的全球发展趋势。[2]

三、RCEP 争端解决机制存在的问题

（一）投资者与东道国间投资争端解决机制缺位

截至2023年，RCEP 争端解决机制中并未包括投资者与东道国间投资争端的解决，而是罗列出对相关问题的讨论计划，明确在协定生效的两年内进行讨论，讨论启动后三年内结束。一直以来促进投资自

---

[1] 刘璇.RCEP 谈判中法律问题研究［D］.哈尔滨：黑龙江大学，2018.
[2] 王彦志.RCEP 投资章节：亚洲特色与全球意蕴［J］.当代法学，2021（2）：44–58.

由化与维护东道国经济主权二者间的平衡关系是投资者与东道国间争端解决机制始终追求的目标。但基于追求效率的价值取向以及传统投资仲裁面临诸多实践与理论的困境，RCEP 的争端解决机制仅适用于缔约方相互之间的投资行为、贸易行为及义务违反争端。RCEP 并未设置相关条款解决投资者与东道国之间的争端，导致投资者缺少维护自身权益的重要途径，进而增加了投资者在投资过程中的隐性风险。在 RCEP 争端解决机制下，投资者并非无任何救济途径，但这种途径是一种间接途径。具体而言，如果 RCEP 缔约一方违反了 RCEP 投资章节的义务，相关投资者可以请求母国通过外交保护的方式支持其主张，其母国可根据 RCEP 第十九章第三条第一款向东道国提起主张。因为 RCEP 第十九章第三条第一款规定的协定适用范围不仅包括缔约方之间与本协定解释和适用相关的争端解决，还包括一缔约方认为另一缔约方的措施与本协定项下的义务不相符或者另一缔约方未履行本协定项下的义务。但在此情形下，若投资者主张的利益较小或出于其他因素考量，投资者的母国可能不会参与此类纠纷的解决，而且由母国提出主张会使投资者在 RCEP 争端解决机制下的话语权和主动权大大减少。

（二）未设置上诉程序

纠错程序对于任何纠纷解决方式均具有重要意义，是保护争端各方正当权利的最后屏障，纠错程序的不健全将会使裁决结果出现错误时无法及时得到监督和纠正。为了保证处理结果的公正，WTO 争端解决机制中设置了对专家组报告的上诉程序，即设置针对初审结果的外在监督。WTO 在实际运行的时候，因遴选、不当干扰等问题，上诉机制基本处于停摆状态，这表明建立并运作一个稳定长效的上诉机制是件非常困难的事情，尤其是对专家组的设立、召集和选任等程序进行把关。

提高争端解决的效率是 RCEP 争端解决机制未设置上诉程序的初衷，因此 RCEP 争端解决机制现今并未设立上诉程序，而是以专家组为核心，专家组的裁决为终局性的，即专家组一审终审制。这样可防止败诉方借由上诉程序拖延裁决和裁决的执行。但高效并非争端解决机制追求的唯一目标，争端当事方启动 RCEP 争端解决机制最主要是为了寻求公平、公正的处理结果，若一味地追求效率而忽视了结果，最终 RCEP 争端解决机制也会被束之高阁。当专家组程序出现法律适用错误的情况下，若无必要的上诉纠错程序，则会严重影响专家组裁决的效力和权威，甚至会对国际仲裁程序产生一定的负面效应。不同案件的复杂程度和争论焦点不尽相同，在争端解决进入专家组程序时，说明在设立专家组前的磋商、斡旋、调解或调停程序并未对争端解决起到实质性作用，这也就意味着在客观上，争端不能通过协商等手段得到有效处理。[1] 因此设置上诉机构可以最大限度的保证争端当事方的利益。

（三）第三方主体认定不明确

RCEP 争端解决机制第十条规定，对专家组审查的事项有实质利益的任何缔约方都可以将其利益通报争端各方，同时也可以向专家组提交相关陈述，该缔约方称之为第三方。第三方拥有一定的参与权，例如出席相关听证会、提交书面陈述或者书面答复等。但关于第三方的相关规定还存在一些问题：第一，第三方资格的认定较为含

---

[1] 丁可.RCEP 争端解决机制研究［D］.北京：北京外国语大学，2022.

糊，RCEP 争端解决机制第十条规定第三方对专家组审查的事项有实质利益，可以看出实质利益是认定第三方的一个重要标准，但实质利益在实践中缺乏准确定义，若将"实质利益"定义为所有能够与争端方、所涉及纠纷、与裁决有着密切关联的利益，[1]会有范围过宽之嫌。第二，RCEP 缔约国中成为第三方主体资格的明确时间需要进一步缩短。因为第三方对于专家组主席的选择具有重要作用。RCEP 争端解决机制中规定专家组主席不得为任何争端方或者第三方的国民，在设立专家组的请求、执行审查或补偿和中止减让或其他义务这三个时间节点后，尤其是后两个时间点在执行审查或补偿和中止减让或其他义务十天后确定具有第三方主体资格，对专家组主席的确定有着较大的影响。[2]

四、RCEP 争端解决机制的完善对策

（一）形成投资者与东道国间争端的化解与防范机制

国际投资仲裁机制是解决投资者与国家争端的主要机制，国际投资协定的仲裁条款是 ISDS 仲裁的关键条款。尽管 RCEP 在生效时可能成为最大的贸易协定，但由于缺乏 ISDS 机制，各缔约国的投资者可能不会频繁选择使用 RCEP 的争端解决机制解决该协定项下投资章节的纠纷。投资者—东道国投资争端的解决向来依赖的是投资仲裁机制，中国应积极推动 RCEP 各成员国按照工作计划及时开展相关问题

---

[1] 徐冉 . 论中国－东盟自由贸易区争端解决机制：以比较研究为视角［D］. 北京：首都经济贸易大学，2012.

[2] 丁可 . RCEP 争端解决机制研究［D］. 北京：北京外国语大学，2022.

的讨论研究。[1] 据统计，中国投资者在海外遭受东道国不公正待遇的情况逐年上升，从效率的角度考虑，投资者与国家间争端解决的最佳场所仍然是东道国国内救济，只有在投资者用尽当地救济方式仍无法有效解决争端的情况下，才能行使外交保护权。[2] 东道国的国内救济和外交保护权对于投资者与东道国间的争端是两个极端：倘若东道国的国内救济能够解决投资者与东道国之间的争端，此时都没有着重讨论的必要；倘若行使外交保护权，花费的成本过高得不偿失。因此需要在这两个极端中寻求一个平衡。需要从 RCEP 争端解决机制设计的原则出发，从重视平衡国际投资仲裁与东道国二者之间的关系出发，"在适用主体、适用范围以及具体程序上结合 RCEP 各缔约国的发展水平以及文化特征来进行架构"。[3] 积极探索构建解决投资者与东道国国际投资争议的多元化解决渠道，也可以提议创建属于 RCEP 独有的争端预防与解决机制，从而促进国际投资争端解决机制的改革、创新与发展。

（二）构建必要的上诉纠错程序

减少 RCEP 争端解决机制中的上诉程序必然是为了提高争端解决的效率，但增加上诉程序也是为了能提高争端解决的公平公正程度。从 WTO 上诉机构的运行实践中不难看出，仅仅在上诉审理中明确审

---

[1] 张庆麟.欧盟投资者 – 国家争端解决机制改革实践评析［J］.法商研究，2016（3）：143–155.

[2] 切诺维茨，许多奇，萧凯.世界贸易组织与个人权利［J］.经济法论丛，2004：342–362.

[3] 李莹莹.RCEP 争端解决机制研究［D］.大连：大连海事大学，2022.

理期限难以应付。[1]上诉机构未在规定的期限内审结案件或进行书面的原因说明是上诉机构被诟病的主要问题，因此可通过加强上诉审理机构裁决时的透明度和限制上诉范围两种途径予以解决。在加强上诉审理机构裁决时的透明度方面，要将裁决信息及时通知争端方，确保信息的一致与准确。在对上诉案件的范围进行限定方面，设置上诉的标准，例如从案件涉及的主体数量、案件中法律关系的复杂性等予以考量。若认定案件不符合上诉的标准要及时给予解释和说明。同时，结合 RCEP 的区域特点，整合现有的纠错机制，对案件进行繁简分流或类型分流，也可以提高争端解决的效率。

（三）完善第三方资格认定

对于 RCEP 争端解决机制中存在的关于第三方的相关问题，可以从以下几个方面予以完善：第一，针对实质利益较为模糊、缺乏准确定义的问题，应由专家组来决定第三方是否具有参与资格。因为专家组具有丰富的解决纠纷的经验，对于争端事项的性质、各方的法律关系以及第三方与争议事项联系的紧密程度都较为了解，因此由专家组对第三方的资格进行认定较为合适。第二，针对缔约国成为第三方主体资格的明确时间问题。具有第三方主体资格的明确时间可借鉴 WTO 中争端解决机制的惯例做法，为设立专家组的请求后 10 天内，这是相关缔约方成为第三方的最佳时机。[2]因为第三方越早确定对专家组的有效成立越有利，否则按照现行规定拖延到执行审查或补偿和中止减让或其他义务 10 天后，可能会对专家组决定和裁决的公正性

[1] 杨国华 .WTO 上诉机构危机中的法律问题［J］.国际法学刊，2019（1）：72-84.
[2] 蒋德翠 .中国－东盟自由贸易区服务贸易争端解决机制及中国的对策［J］.东南亚纵横，2011（3）：47-50.

有所影响，又或是会导致专家组设立的拖延。

随着世界经济的不断复苏，区域间的贸易往来将更加紧密。争端解决机制是贸易协定中不可或缺的重要组成部分，它兼具争端前的预防和争端后的修复作用，尽可能地维护缔约方的承诺和利益。RCEP争端解决机制充分融入了东亚地区的特点和需求，表达了不同发展程度国家的立场，提高了争端解决的便利性，对促进国际经贸合作具有划时代的重要意义。我们应该意识到 RCEP 争端解决机制对于我国发展经济外循环的重要性，坚定维护本国利益、放眼世界，为完善 RECP 争端解决机制贡献中国力量和中国智慧，推动区域经济高质量发展。

第四章

食糖进口保障措施案

一、案件简介

食糖是我国仅次于粮棉油的大宗农产品和重要战略物资，不仅与国民生活息息相关，而且直接关系到食糖行业自身、国家农业安全和广大农民的根本利益。加入 WTO 前，我国对食糖采取许可证加进口配额的非关税保护措施；加入 WTO 后，我国加大开放力度，将进口食糖纳入关税配额管理，配额量为 194.5 万吨，配额内外税率分别为 15% 和 50%。由于我国食糖生产成本过高，价格缺乏竞争力，加之我国食糖关税全球最低而关税配额数量却占全球配额总量近一半，即使在配额外进口仍然利润可观。因此，大量国外低价食糖涌入我国。

进口激增给我国食糖产业造成了巨大冲击。2012 年至 2014 年，食糖进口数量急剧增长导致国内市场连续 3 年严重供过于求，供应量的大量过剩破坏了市场秩序，加剧了市场竞争。这一期间，进口价格大幅下降，破坏了国内食糖产业和进口食糖原有的竞争环境，进口价格优势逐渐显现。由此，国内食糖的销售价格大幅度下跌。与 2011 年相比，2014 年税前利润、税前利润率、投资收益率、现金流指标均为负值状态，整个行业全面亏损，食糖企业生存和发展非常困难。2015 年和 2016 年 1 季度期间，进口数量进一步大幅增长，尤其是 2015 年进口数量高达 484.59 万吨，相比 2014 年增长了 39.02%。在这一背景下，国内产业只能被迫大幅减产。这种减量保价的方式虽然让企业在 2015 年开始减亏，但却导致更多的经济指标呈恶化趋势，例如就业人数减少、劳动生产率下降、员工工资减少和企业被迫停产（破产）。综上所述，由于进口食糖数量的急剧增长破坏了国内正常的市场供应秩序，国内食糖产业生产状况和财务状况持续恶化，国内食糖产业遭受到了严重损害。

2016年7月，广西糖业协会作为申请人向我国商务部递交食糖产业保障措施调查申请书。2016年9月，商务部发布公告，决定展开对进口食糖的保障措施调查。这是我国自加入WTO以来针对农产品发起的首例保障措施调查，也是迄2023年止我国发起的仅有的两次保障措施调查之一。2017年5月，商务部发布终裁结果，认为进口食糖确实对我国食糖产业造成严重损害，并决定自2017年5月22日起对食糖实施保障措施。此措施实施期为3年，实施方式为对配额外进口食糖加征保障措施关税，第一年加征45%，第二年40%，第三年35%。

2018年4月，巴西同中国谈判，希望能够对部分进口食糖免除额外关税，但两国未能达成一致。2018年10月16日，巴西因两国谈判失败向WTO争端解决机构提出与中国就食糖进口管理的某些措施进行磋商的请求，此即DS568案。2018年10月30日，欧盟向WTO争端处理委员会申请加入磋商；2018年10月31日，泰国申请加入磋商；2018年11月1日，危地马拉申请加入磋商。以上三个国家和地区的请求均获得WTO争端处理委员会的同意。时至2023年，巴西并未提出成立专家组的请求，DS568案件仍处于磋商状态。

二、案件申请阶段

（一）支持单位情况介绍

近年来，广西糖业得到迅猛发展。全广西现有糖厂95家，总日榨甘蔗生产能力39.4万吨，日榨能力最大为15000吨，平均日榨能力为4150吨，是全国生产规模最大的食糖主产区，产糖量占全国的58%以上。年产糖量自2022年来已经突破500万吨，长年稳居中国食糖第一大产区，产量超过了世界产糖国古巴、澳大利亚的总产糖量。

2002年9月28日，广西糖业协会经政府有关部门批准成立。协会共有会员单位68个，其中食糖批发市场2个、制糖企业26家。全广西排名前15大制糖企业集团均为协会会员，企业集团年产糖量均在5万吨以上。这15家企业集团生产能力、产糖量分别占全广西的87.8%和88.91%，是广西乃至全国糖业界最具实力和影响力的大型企业集团，拥有广泛的市场网络和销售渠道。

本案申请人和支持申请协会会员单位的食糖合计产量是同期全国总产量的主要部分。根据《中华人民共和国保障措施条例》的规定，申请人有权代表国内食糖产业提起本次保障措施调查申请。

（二）被申请人背景介绍

案件被申请人相关情况详见表1。

表1　案件被申请人情况

类型	数量	所属国家	备注
被调查的国外生产商	25家	巴西、古巴、危地马拉、澳大利亚、韩国、泰国	巴西是食糖主要进口来源国
被调查的国外出口商	25家	国外生产商亦是外国出口商	

三、案件调查阶段

（一）被调查产品描述

被调查产品名称：食糖（英文名称是 Sugar）。

被调查产品描述：食糖是甜味、可溶性碳水化合物的通用名称，其主要用于食品中。单糖，包括葡萄糖、果糖和半乳糖。复合糖，也称为双糖，是由两个键合的单糖组成的分子，常见复合糖有蔗糖（葡萄糖＋果糖）、乳糖（葡萄糖＋半乳糖）和麦芽糖（两个葡萄糖分子）。白糖是蔗糖的精制形式。在生物体内，复合糖被水解成单糖。

较长链的单糖（＞2）不被认为是糖，称为低聚糖或多糖。淀粉是一种存在于植物中的葡萄糖聚合物，是人类食物中最主要的能量来源。其他一些化学物质，如甘油和糖醇，可能有甜味，但不属于糖类。

食糖存在于大多数植物的组织中。蜂蜜和水果是单糖主要的天然来源。甘蔗和甜菜中富含蔗糖，是高效商业提取以制造精制糖的理想选择。2016年，这两种作物的世界总产量约为20亿吨。麦芽糖可以通过麦芽谷物生产。乳糖是不能从植物中提取的糖，它只存在于乳品中，包括母乳和一些乳制品中。糖的廉价来源是玉米糖浆，工业上通过将玉米淀粉转化为糖类（如麦芽糖、果糖和葡萄糖）生产。

蔗糖用于生产预制食品（例如饼干和蛋糕），有时会添加到市售的加工食品和饮料中，人们还可以将蔗糖用作食品（例如吐司和麦片）和饮料（例如咖啡和茶）的甜味剂。一般人均每年消耗约24千克（53磅）糖，其中北美和南美人均消耗量高达50千克（110磅），而非洲人均消耗量不到20千克（44磅）。

（二）调查过程概述

2016年7月27日，广西糖业协会代表国内食糖产业，正式向我国商务部提起对进口食糖产品发起贸易保障措施调查的申请。2016年9月22日，商务部发布公告，决定对食糖产品进行保障措施立案调查，保障措施调查期限为2016年9月22日至2017年3月22日（特殊情况可延长两个月）。调查范围从2011年1月1日起至2016年3月31日止我国进口的食糖情况。

2016年9月22日，调查机关将立案调查的决定通知了世贸组织保障措施委员会。共有75个利害关系方登记参加调查，其中包括澳大利亚、巴西、欧盟、韩国、萨尔瓦多、中国台北WTO成员6个；外国糖业协会3个，外国生产商8家，中国大陆地区进口商20家，申请人广西糖业协会及其31家会员企业。除此之外，还包括中国糖业协会、云南省糖业协会、内蒙古糖业协会、新疆维吾尔自治区制糖工业协会、广东省糖业协会、黑龙江省糖业协会。

启动调查后，商务部采取了调查问卷、举行听证会、听取有关利害关系方的意见、实地调查等形式全方位了解相关信息。2017年4月26日，调查机关将调查结果发送至世贸组织保障措施委员会。2017年4月26日，调查机关在通报中向有实质利益的出口成员方提供了充分的磋商机会，并先后与食糖出口大国澳大利亚、巴西进行了磋商。

（三）调查重点

1. 进口数量增加

（1）关于进口数量的绝对增加

①被申请方意见。

巴西蔗产联盟评论意见：一是如果根据1季度数据预测2016年的进口量，则2016年的进口将仅占2015年进口数量的一半左右，因此调查期内进口数量变动存在混合趋势，有增有减。二是从调查期的中间趋势来看，进口数量并没有增长，而且下降趋势一直延续至调查截止期。三是申请人的分析仅仅为期初和期末数据的比较，不足以评估进口数量的增加，2016年1季度的进口数量比2015年同期是有所下降的，且进口数量环比持续下降。四是不应忽略最近一个整年，即2015年2季度到2016年1季度进口大幅下降的趋势，特别是进口数量从2016年1季度开始下降，下降趋势一直持续到调查期。这种趋势不属于进口"大幅增长"的情况，同时进口的增加也不够"突发、急剧和显著"。

巴西政府主张：2015年进口数量仅超过2013年进口数量的6.6%。2016年1季度的进口数量比2015年同期有所下降，且进口数量环比持续下降。这种趋势不属于进口"大幅增长"的情况，同时进口的增加也不够"突发、急剧和显著"。

澳大利亚糖业有限联盟评论意见：立案申请中并没有证明进口食糖出现了"近期、突发、急剧和显著"增加的情况。该申请提供的数据仅表明，在2011年至2015年期间，上述进口最多只是呈现逐渐增加的情况。还主张调查机关应充分考虑2016年最新数据所呈现出的进口下降的趋势。

澳大利亚政府主张：调查机关应充分考虑2016年最新数据所呈现出的进口下降的趋势。

②调查机关调查情况和结论。

首先，调查机关认为，进口数量增长"足够近期"。对此，调查机关考察了以下几组数据：一是调查期内每年1季度被调查产品的进口量，每年1季度的进口量一般低于其他季度进口量。主要原因是食糖生产具有"季产年销"的特点，国内食糖榨季为每年4季度至来年1季度，该时段国内食糖供应较为充分，每年1季度的进口量一般低于其他季度进口量。因此，一个季度的进口量不具有代表性。二是考察了调查期末连续4个季度（2015年2季度到2016年1季度）的进口增长情况，同比增长了22.91%，进口数量增长"足够近期"。三是考察了2011年至2015年被调查产品分季度进口数据，发现除2014年之外，调查期内每年1季度的进口量均大幅低于其他季度的进口量。因此，每年的2季度至来年的1季度分季度进口量均呈现相同的下降趋势。因此每年1季度国内食糖供应充足，进口需求弱，这是国内食糖市场季节性特点导致的，并不能证明进口近期下降的趋势。关于相关利害关系方提出的考虑2016年1季度后进口变化情况的主张，调查机关认为，2016年1季度后进口变化情况已经超出了本案调查期的考察范围。即便根据有关利害关系方提供的2016年1季度后进口数量分析，与调查期初期相比，2016年1季度后进口数量仍处高水平，不能否定调查期内进口数量急剧增长的事实。

其次，调查机关认为，进口数量增长足够"突发、急剧和显著"。对此，调查机关考察了两组数据：一是调查期（2011年至2015年）内的绝对进口数量，特别是2015年被调查产品进口数量大幅增长了39.02%，为调查期内的最高水平，也是历史最高水平。二是调查机关还考察了调查期之前（2006年至2010年）的相关数据，2011年至2015年，进口总量高达1954.40万吨，年均进口量为390.88万吨，是2006年至2010年进口平均水平的3倍以上。

最后，调查机关作出结论，认为调查期内被调查产品进口绝对数量出现了"近期、突发、急剧和显著"的增加，被调查产品进口量占国内总产量的比例及其国内市场份额总体均呈增长趋势。

（2）进口产品数量的相对增加

①被申请方意见。

巴西蔗产联盟主张：2011年至2014年进口数量相对于中国总产量的比例一直稳定在27%左右，尽管2015年有所上升，但2016年1

季度再次下降3.66个百分点。

巴西政府主张：进口所占市场份额变化也可观察到类似的下降情况，因此不能证明调查期内存在进口增长。

澳大利亚政府主张：有证据显示国内生产者的市场份额在调查期间持续增长，且增长速度超过进口数量市场份额的增长。

②调查机关调查情况和结论。

调查机关考察了2006年至2015年被调查产品进口数量占国内总产量的比例。调查机关认定，被调查产品进口数量占国内总产量的比例呈增长态势。

调查机关还考察了被调查产品的国内市场份额的变化。调查机关认定，调查期内被调查产品进口量相对于国内总产量及其国内市场份额均呈增长趋势。

2. 不可预见的发展

①被申请方主要意见。

食糖的进口增长与申请书中的未被预见的发展无关：第一，全球供给过剩应当被视为一个长期的问题，而不是未被预见的发展。第二，中国加入WTO，贸易自由化协议会带来贸易量增加，进口价格下滑是可预期的。第三，汇率变动和人民币升值不能被视为未被预见的发展。人民币大幅升值发生在调查期之前，从2015年起人民币开始贬值。第四，2008年至2011年的全球金融危机不能被视为在关税减让谈判时未被预见的发展。全球金融危机虽然对全球市场产生了非常严重的影响，但其在调查期内对中国的影响尚不清楚。第五，糖料作物种植面积减少、食糖产量减少、糖价下跌及食糖产能增加均不能被认为是未被预见的发展。第六，食糖是一种在国际市场中频繁交易的商品，在国际糖价下跌时，国内糖价下跌也是可以预见的。第七，

2008年至2015年，国际食糖供需状况和全球糖价是众所周知的市场情况，不是未被预见的发展。

②调查机关调查情况和结论。

调查机关认为，"未被预见的发展"指中国加入WTO谈判作出减让时没有预见的情况。调查机关对未被预见的发展进行了调查：一是调查了中国自2001年加入WTO以来食糖进口量的增长趋势，前几年基本是平稳增长，到2011开始急剧增长。因此，有关利害关系方提出的调查期内中国进口食糖激增是由于加入WTO关税降低造成的这一观点并不成立。二是调查了云南、广东及海南三个省份取消最低限价的时间为2015年，但进口数量剧增此前早已开始。由此可见，部分省份取消糖料收购统一定价与进口剧增没有因果关系，不是导致进口剧增的原因。三是调查了2011年至2015年中国食糖进口量，中国食糖同期进口量年均增长13%，远高于需求增长率。由此可见中国食糖需求量稳步上升不是进口激增的主要原因。四是分别从国际市场和国内市场综合分析认定，受天气、金融危机、期货市场等因素影响，全球食糖产量和价格持续大幅异常波动，在调查期内出现较长时间供应过剩、价格持续大幅下跌的情况。中国国内自然灾害扩大了食糖供求缺口。在进口价格持续大幅下跌，食糖主要生产和出口国汇率持续大幅贬值的情况下，国产食糖与进口食糖价差不断缩小直至发生逆转，中国国内食糖市场价格一度大幅低于国产食糖销售成本，加工企业产能迅速扩张加剧了这一情形。上述诸因素及其叠加作用导致进口剧增，是中国加入WTO时未能预见的。

3. 国内产业认定

①被申请方主要意见。

巴西政府主张：申请人在分析申请调查产品对中国国内产业造成

损害时，仅选取了15家制糖企业而非所有企业，因此有必要了解其他中国食糖生产企业的经营状况，确定是否存在损害情况。调查机关在信息披露中未列出证据，证明填写调查问卷的中国糖企能代表国内主要产量的生产者，进而能够代表国内整个产业。

巴西蔗产联盟主张：将原糖转换为成品糖的国内加工企业也应当被视为加入人工劳动力因素制造成品糖的企业，这些企业从事的是"生产"成品糖，所以应当被纳入国内产业。

某北方糖业有限公司主张：国内产业应包括通过加工进口原糖生产成品糖的加工企业。

②调查机关调查情况和结论。

这一问题的核心在于两方面：一是进口原糖与国内成品糖是否构成竞争关系，二是国内的进口原糖加工企业是否属于国内食糖产业。调查机关审查认为，进口原糖不能直接进入国内消费市场，只能通过加工企业加工为成品糖后才进入国内消费市场。进口原糖加工成的成品糖是被调查产品一种必然延伸形式，不属于国内同类产品或直接竞争产品，所以进口原糖加工企业不属于本案法律意义上的国内食糖产业。巴西蔗产联盟和某北方糖业有限公司提出的有关主张，调查机关不予接受。

4. 国内产品损害

①被申请方主要意见。

澳大利亚政府主张：国内产能在2011年至2015年间持续增加，但国内需求保持稳定，说明国内生产没有受到严重损害的威胁，中国食糖加工企业蓬勃发展。

巴西蔗产联盟主张：调查期内大多数国内产业经济指标比如开工率、销售量、市场份额和现金净流量上下波动，并未显示国内产业存在严重损害的持续性趋势。

某第一制糖株式会社主张：2011年至2014年国内产业市场份额一直处于82%左右的均衡态势，仅在2015年进口量异常激增时下降，2016年已开始回升。这说明国内产业并未受到严重损害，市场情况良好，国内产业正在蓬勃发展。

某北方糖业有限公司主张：从申请人提供的数据无法得出国内产业遭受严重损害的结论。被调查产品进口量在2016年1季度呈明显下降趋势，申请人销售价格上涨，库存下降，就业人数和工资均增长。综合各项指标，国内产业不存在"重大全面减损"。

②调查机关调查情况和结论。

调查机关调查了国内制糖企业的产量、开工率、销量、市场份额、销售价格、销售收入、利润和投资收益率、就业人数等指标，发现这些指标均出现下降，表明国内产业在调查期内整体遭受了重大的全面减损。调查机关认为，关于进口产品对国内产业损害的审查应包括对影响产业的所有有关经济指标的评估，单个或部分指标未必能够给予决定性的指引。认定国内产业是否遭受严重损害不能仅依据国内产业部分经济指标的好坏，而应综合考虑各项经济指标及其他因素的影响。

5. 进口数量增加和国内产业严重损害之间的因果关系

①被申请方主要意见。

关于糖料种植面积变化方面：食糖原料的种植有从经济发达地区向经济欠发达地区转移的趋势，经济较发达地区会利用土地种植其他经济价值更高的作物，或把土地用于工业，以产生更大的经济效益，从而减少食糖原料的种植面积。

关于成本大幅上升方面：国内产业面临着日益上升的生产成本、

劳动成本以及土地租赁成本等问题，这些因素都可能导致国内产业遭受损害。

关于相关政策变化的影响方面：中国地方政府通过取消最低收购价格、改变定价政策对国内产业产生了影响。

关于生产周期的影响方面：中国的国内食糖产业存在着剧烈的增减产运行周期，申请人所提交的材料不能准确论断中国近年来的食糖产量减少与进口量增长存在多大程度的关联。

关于"盲目多元化、投资不善"导致企业关闭方面：近年来中国经济结构转型，部分国内制糖企业盲目地使产业多元化发展以及投资不善是导致部分企业倒闭的主要原因，不能简单地把企业倒闭数量增加归结于原糖进口增加。

关于国内产业自身劣势和不足、天气条件等方面：国内企业生产条件较差、生产规模较小、技术落后、生产效率低等自身存在的诸多劣势和不足是造成产业损害的主要原因。

②调查机关调查情况和结论。

关于糖料种植面积变化方面：国内产业销售价格下降，导致糖料收购价格联动下调，由此引起农民收入下降，其种植糖料作物的积极性受到影响，最终被迫丢荒或改种其他经济作物。

关于成本大幅上升方面：相关利害关系方仅以国内产业部分要素的变化趋势为依据来推断生产成本的变化趋势，而未考虑占生产成本主要部分的糖料的变化趋势。

关于相关政策变化的影响方面：第一，云南、广东、海南三省政策调整及其甘蔗种植面积、产量变化情况不能代表国内产业整体状况。第二，取消统一定价是在2015/2016制糖期，在此之前云南、广东、海南的甘蔗种植面积减少早已开始。第三，关于有关利害关系方提出的其他政策变化对国内产业影响的主张，例如放宽农产品价格和调整食糖收储计划等，这些主张均未提供任何证据支持，也未有证据显示这些政策变化对国内产业造成了损害。

关于生产周期的影响方面：第一，日照市某糖业集团有限公司未提供证据证明其主张。第二，没有证据显示调查期内国内产业产量呈现剧烈的增减产运行周期。

关于"盲目多元化、投资不善"导致企业关闭方面：有关利害关系方主张的由于盲目产业多元化发展和投资不善导致国内制糖企业倒闭仅是国内个别制糖企业倒闭的原因之一，不代表国内制糖企业整体状况。

关于国内产业自身劣势和不足、天气条件等方面：第一，国内产业存在的劣势和不足是调查期之前即存在的客观情况，且调查期内国内产业致力采取有效措施弥补上述劣势和不足。第二，巴西政府仅提供了证据材料的网址链接，调查机关无法审核该新证据材料的准确性、完整性和相关性。

综合前面几点调查结论裁定，认定调查期内，被调查产品进口数量的整体变化趋势与中国国内产业损害的加剧具有一致性，被调查产品进口数量增加与中国国内产业受到的严重损害之间存在因果关系。最后做出结论，认定"调查期内被调查产品进口数量增加，国内产业受到严重损害，且进口产品数量增加与国内产业严重损害之间存在因果关系"。

四、案件裁定

我国商务部于2017年5月22日发布公告，宣布根据《保障措施条例》第二十条对进口食糖采取保障措施，主要内容包括：第一，保障措施期限为3年。第二，保障措施为征收保障措施关税。第三，具体执行方式为实施期限内逐渐放宽，即2017年5月22日至2018年5月21日，保障关税税率为45%；2018年5月22日至2019年5月21日，保障关税税率为40%；2019年5月22日至2020年5月21日，保障关税税率为35%。第四，对发展中国家（地区）进行排除，即对于来自发展中国家（地区）的产品，如果其进口份额不超过3%，且这些国家（地区）进口份额总计不超过9%，则不适用保障措施。

我国此次对进口食糖采取保障措施的范围主要涉及巴西、泰国、澳大利亚三个主要对华食糖出口国。

五、案件上诉

（一）上诉缘由

巴西长年位居全球第一大食糖出口国，根据美国农业部数据显示，2020/2021榨季，巴西食糖出口量占全球总出口量的50%左右。2017年至2020年，从巴西进口的食糖分别占我国食糖进口总量的34.5%、26.2%、41%和74.6%，巴西稳居我国第一大食糖进口来源国。巴西向WTO提出诉讼中国的请求，很大一部分原因在于食糖保障措施影响了巴西对中国的出口。2017年5月之前，处于食糖消费旺季的月份，巴西向我国出口的食糖数量在40万吨左右，仅有个别月份小于10万吨。自2017年5月实施保障措施开始，巴西对我国出口的食糖量出现大幅下降，在2017年5月至2018年8月期间的每月出口量均小于10万吨，且多数月份接近于0。2018年4月，巴西同中国谈判，希望能够对部分进口食糖免除额外关税，但两国未能达成一致。2018年10月16日，巴西因两国谈判失败向WTO争端解决机构提出与中国就食糖进口管理的某些措施提出争端申诉，此即DS568案。2018年10月30日，欧盟向WTO争端处理委员会申请加入磋商；2018年10月31日，泰国申请加入磋商；2018年11月1日，危地马拉申请加入磋商。以上三个国家和地区的请求均获得WTO争端处理委员会的同意。时至2023年，巴西并未提出成立专家组的请求，DS568案件仍处于磋商状态。

（二）上诉法律依据

①根据《1994年关税与贸易总协定》（GATT 1994），第十九条第1款（a），中国未能对所调查的未预见事态发展的事实，以及这些事实的事态发展如何导致中国的保障措施所保障的食糖产品进口激增方面，作出符合该条款的裁定。

②根据GATT 1994年第十九条第1款（a），中国未能就中国须履行的GATT义务，以及履行义务会如何导致所调查的食糖产品进口激增方面作出符合该条款的裁定。

③根据《保障措施协定》第2.1条、第3.1条和第4.2条（a）以及GATT 1994第十九条第1款（a），中国未能就所调查的食糖产品进口激增方面，作出符合这些条款的裁定。

④根据《保障措施协定》第2.1、4.1（a）、4.1（c）、4.2（a）和4.2（b）条和GATT 1994年第十九条第1款（a）项，中国未能按照这些条款定义国内产业，原因包括将同类产品或直接竞争产品的生产商排除在外，以及未能确保国内产业仅限于与相关进口产品同类或直接竞争产品的生产商，从而也未能就进口激增是否对有关国内产业造成严重损害作出合理的裁定。

⑤根据《保障措施协定》第2.1、4.1（a）、4.1（c）、4.2（a）和4.2（b）

条和 GATT 1994第十九条第1款（a）项，中国未能就国内产业是否存在严重损害作出符合这些条款的裁定。

⑥根据《保障措施协定》第2.1条、第4.2（a）条和第4.2（b）条以及 GATT 1994第十九条第1款（a），中国未能证明进口激增与国内产业遭受严重损害之间存在因果关系，并且未能确定由进口激增以外的其他因素造成的严重损害不归因于进口激增。

⑦根据《保障措施协定》第5.1条和第7.1条以及 GATT 1994第十九条第1款（a）项，中国的保障措施并非仅在防止或补救所称的严重损害和便于调整所必需的范围内实施。

⑧根据《保障措施协定》第3.1条和第4.2条（c）款以及 GATT 1994第十九条第1款（a）项，中国未能就所有相关的事实和法律问题给出充分的调查结果和合理的结论，也未能对所调查的案件进行详细分析，并证明所审查因素的相关性。

⑨根据《保障措施协定》第8.1条，中国未能努力维持与巴西在 GATT 1994 下的基本相当水平的减让和其他义务。

⑩根据《保障措施协定》第12.3条，巴西作为中国的主要食糖出口国之一，对中国具有重大利益，中国在实施保障措施前却未能提供充分的机会与巴西进行磋商。

⑪根据《保障措施协定》第11条第1款（a），中国实施的保障措施违反了《保障措施协定》第2.1、3.1、4.1（a）、4.1（c）、4.2（a）、4.2（b）、4.2（c）、5.1、7.1、8.1和12条第3款以及 GATT 1994第19条第1款（a）。

⑫根据 GATT 1994第2条第1款（a）和（b），中国在实施保障措施时，未能给予巴西的食糖产品不低于中国减让表对应部分所规定的待遇。

（三）上诉争议焦点分析

虽然 DS568 案并未成立专家组，我们无从得知 WTO 争端解决机构会对 DS568 案做出什么裁决，但我们仍有必要根据 DS568 案中巴西对我国提起的诉讼，反思食糖保障措施与 WTO 规则可能存在的相悖之处，以期为今后更好地使用保障措施合理保护国内产业安全提供经验借鉴和实践指导。

1."未预见的发展"与 GATT 1994 义务的影响

巴西认为，中国违反了 GATT 1994 的第 19 条第 1 款（a）项，中国未能证明"未预见的发展"的存在，未能说明未预见的发展如何导致中国食糖进口激增，并且中国未能说明其在 GATT 1994 下承担的义务的影响，以及该影响如何导致食糖的进口激增。因此，按照 GATT 1994 的第 19 条第 1 款（a）项，实施国须在其调查报告中做出合理充分的解释，证明存在"未预见的发展"以及为何是未预见的，并且"未预见的发展"已造成进口激增。除此之外，实施国还须证明 GATT 1994 规定的一项或多项义务限制了进口成员方防止或抵消此类进口激增所产生的影响的能力。在中国的食糖保障措施调查报告中，调查机关列举了一系列因素，并认为这些因素导致的进口激增是中国加入 WTO 做出关税减让时无法预见的情况。但是在调查报告中，没有说明进口增加是否为中国承担 GATT 1994 下关税减让等义务的影响所致，可能存在与 GATT 1994 的第 19 条第 1 款（a）项不符之处。

2. 国内产业的界定

巴西认为，中国违反了《保障措施协定》第 2 条第 1 款和第 4 条第 1 款（c）项，未能按规定对国内产业进行定义，将同类产品或直接竞争产品的生产商排除在外。对国内产业的范围进行界定，首先需要明确被调查产品的同类产品或直接竞争产品的范围。反倾销和反补贴协定中的同类产品定义与《保障措施协定》中的实质上相同，同类主要是指产品物理特性的类似，表现在组成成分、性质、质量和最终用途上，但未涉及直接竞争产品问题。在我国的食糖保障措施调查报告中，被调查产品定义为进口原糖或进口成品糖，而同类产品或直接竞争产品是指以国内糖料为原料生产的食糖。我国调查机关认为由进口原糖加工制成的国内成品糖是进口原糖的必然形式，不属于国内同类产品或者直接竞争产品，因此，某精炼糖有限公司不属于国内产业。而巴西认为，进口原糖加工企业也应当被纳入国内产业，不能将该公司排除，中国存在违反《保障措施协定》第4条第1款(c)项的可能性。

3. 保障措施是否在必要范围内实施

《保障措施协定》第5条第1款规定，成员方应当确保仅在防止或补救严重损害及便利国内产业调整所必需的限度内实施保障措施。由于保障措施针对的是公平贸易，且具有非歧视性，因此会给相关出口国造成损失。为将此类损失降至最低，WTO认为保障措施的实施不得超过限制进口的必要限度。对于这一规定，实践时存在重大争议，即WTO成员方采取保障措施时是否有义务证明其所采取的保障措施的适当性。由于该条本身存在模糊性，是否符合规则主要依赖于专家组或上诉机构的裁决。为此，巴西认为，中国违反了《保障措施协定》的这一规定。在我国的调查报告中，没有证明35%~45%的配额外关税与补救国内食糖产业所受的"严重损害"的程度是否相适应，是否符合《保障措施协定》第5.1条和7.1条有待商榷。

4. 是否给予充分磋商机会

《保障措施协定》第12条第3款规定，采取保障措施的成员方应向贸易利益可能受该措施影响的出口方成员方提供实现磋商的充分机会，以便有利害关系的成员方能够就包括任何形式的补偿在内的相关问题达成谅解。例如，实施保障措施的成员方应向出口方成员方提供全面信息和充足时间，因为保障措施的信息不够完整，就无法进行有意义的磋商；磋商的时间不够充分，就无法进行充分的磋商。巴西认为，我国未能给巴西提供事先磋商的充分机会。充分磋商的期限应当是在实施或延长保障措施之前，最迟不应迟于该措施实施或延长前30天，即磋商期限至少为30天才能算作给予充分磋商机会。2017年4月26日，我国调查机关分别与澳大利亚、巴西展开了磋商。2017年5月22日，食糖保障措施正式实施，中间间隔不足30天，存在违反充分磋商条款的可能性。

5. 是否符合补偿与报复条款

由于保障措施针对的是公平贸易行为，《保障措施协定》第8.1条规定，提议适用或延长某项保障措施的成员方，应努力维持其与可能受保障措施影响的各出口成员方之间与现存水平实质相等的减让和其他义务的水平。根据 GATT 1994 第十二条第3款规定，要求采取或延长保障措施的成员方，应当给那些作为有关产品的出口商并具有长期利益关系的成员方提供优先协商的适当机会，尤其是第十二条第2款要求提供的资料，以及实现第八条第1款所提出的目标而采取的措施，交换看法，并达成谅解。巴西认为，中国违反了这些规定，没有努力与巴西维持 GATT 1994 规定的基本相当水平的减让和其他义务。中国实施保障措施之前曾与巴西、澳大利亚等国进行磋商，但没有得出关于补偿的结论，可能有悖于协定规则。

六、本案对国内食糖发展的影响

自2017年5月我国对进口食糖采取保障措施以来，食糖进口量、食糖国内价格和国内食糖产业均受到不同程度的影响。

（一）对食糖进口量影响

2017年至2019年的三年间，我国进口食糖量有所下降，自2020年开始，我国进口食糖量开始迅速增长。据海关数据统计，2017年至2019年的三年间，我国进口食糖量分别为229万吨、280万吨和338万吨，与2011年至2015年间的年均390.88万吨相比有所下降。随着实施期限内逐渐降低关税，食糖进口量逐年增加。2020年，我国食糖总进口量达526万吨。2021年，我国食糖进口数量为567万吨。与2011年至2015年间的年均390.88万吨相比，2020年上升34.6%，2021年上升45.0%。2022年1至4月我国累计进口食糖136万吨，同比下降4.4%。

（二）对国内糖价影响

根据中国糖业协会公布的数据，2016/2017年度中国食糖均价为每吨6570元，符合预期，比上年度每吨上涨了1113元，涨幅为20.4%。2017/2018年度中国食糖均价为每吨5648元，比上年度每吨跌了922元，跌幅为14.0%。2018/2019年度食糖价格连续第二个年度下跌，年度均价为每吨5253元。2019年以来，国内糖价大体呈现出上升趋势。尤其2019年7月初，全国糖价在5400元/吨左右；2019年11月，全国糖价为6110元/吨；2019年年底，受新冠疫情影响，食糖价格为每吨5854元；2020年6月，食糖价格为每吨5654元；2020年12月，食糖价格为每吨5386元；2021年12月，食糖价格最高为每吨未超过5900元；2022年半年以来，食糖价格最高为每吨未超过5963元。我国白糖2012年至2022年价格走势详见图1。实施保障措施之后，国内糖价基本平稳运行，未再出现2013/2014年糖价暴跌的现象。

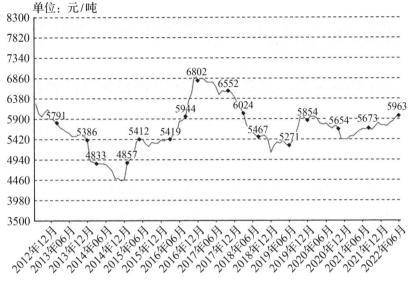

图1　我国白糖2012年至2022年价格走势

（三）国内食糖产业得到一定保护

随着国外食糖的竞争压力减小，我国食糖产业得到一定保护，相关经营数据出现好转。根据中国糖业协会公布的数据，自2016/2017榨季开始，我国食糖产量开始回升，2016/2017年度国内食糖产量928.82万吨，2017/2018年度国内食糖产量1031.04万吨，2018/2019年度国内食糖产量1076.04万吨，2019/2020年度国内食糖产量1030万吨，2020/2021年度国内食糖产量1059万吨。

七、案件启示

在WTO框架下，保障措施是WTO所允许的通过正当手段保护国内产业免于损害的措施。由上述分析可知，保障措施的实施条件较为严格。此次我国对进口食糖采取保障措施，是我国运用国际贸易规则保护自身利益的一次良好实践，体现了我国坚定遵守和维护世贸组织规则的态度，维护了我国国内相关产业的利益，为日后更合理地使用保障措施提供经验借鉴。

（一）熟练掌握国际规则条文是保护自身合法利益的基础

在当前国际政治格局中，虽然战争冲突等非规则行为仍然存在，但从总体来看，规则仍然是各国交往的基础。遵守国际通行规则者受到各国尊重，违背、打破国际通行规则者受到各国轻视甚至唾弃。但国际规则体系纷繁复杂，各种条文约定含混晦涩，更隐藏着很多"执行陷阱"，稍有不慎就可能落入陷阱，损害自身利益。只有熟练掌握国际规则的条文，才能在各种规则中找到对自己有利的部分，保护好自身的合法利益。

（二）严格执行规则，避免程序瑕疵

在执行国际规则的过程中，应该坚持"程序正义"，避免出现程序上的瑕疵，授人以柄。保障措施对于调查、通知和磋商程序都有明确的规定，我们在使用保障措施时，应当遵守"程序正义"，履行及时通知和充分磋商等义务。在保障措施调查和实施过程中，我国政府主管部门应按规定履行各种通知、公告义务，及时通知相关利害关系人和WTO相关委员会，确保各方不会因此提出异议和责难，其中给予利害关系方充分的磋商机会尤为重要。我国在实施保障措施之前，应按照《保障措施协定》的要求与利益可能受影响的出口国就补偿问题进行磋商。并且，应至少为出口国提供30天以上的磋商机会。此外，我国在采取行动前还应及时通知WTO保障措施委员会，保障其知情权。

（三）完善我国《保障措施条例》

由于我国调查机关主要依据的是国内的《保障措施条例》（以下简称"条例"）进行调查，确保条例与 WTO 规则接轨有必要性。目前我国的条例存在如下不足之处：一是尚无关于承担 GATT 1994 义务的影响的条款，但根据 WTO《保障措施协定》和以往争端案的裁决可知，这是实施保障措施必不可少的条件之一。二是未明确"直接竞争产品"的定义，这不利于对国内产业进行界定。三是未明确提供磋商的充分条件。建议我国应与时俱进，对条例中不够明确的内容进行修订，例如增加关于承担 GATT 1994 义务的影响的条款；借鉴美国、欧盟成员方等国家关于"直接竞争产品"的定义，完善我国"直接竞争产品"的内涵；给出关于提供充分磋商所需的信息和时间的具体要求，从而规范我国的保障措施，减少不必要的贸易争端。

（四）积极倡导国际规则的发展演变

我国始终是国际规则的坚定维护者和践行者，始终积极参与 WTO 框架下的各项谈判，现已成为 WTO 的核心成员和全球贸易治理不可或缺的参与者。在现行的保障措施国际规则不够明晰的情况下，我国应积极引领规则的改革。一是在国内产业的界定方面，《保障措施协定》中并无关于同类或直接竞争产品判定的方法，这将影响到诸如进口增长、严重损害等条件的判定。二是协定未能明确规定实施保障措施的成员方是否需要证明其措施的适当性。我国可以结合全球现有的保障措施实践经验，向保障措施委员会提交诸如澄清国内产业界定方式、明确保障措施的实施限度等改革保障措施规则的中国方案。

（五）认真研究与保障措施有关的贸易争端案件

认真研究与保障措施有关的贸易争端案件，尤其是专家组或上诉机构已经发布报告的争端案件。从保障措施的实践来看，由于规则无法规定得非常详细具体且实施条件严格，在实际应用中容易产生争议进而引发贸易争端。我们可以积极学习其他国家的争端案件中被专家组和上诉机构给予肯定的做法，并从争端裁决机构判定违反规则的做法中吸取教训，最大限度地减小今后我国的保障措施与国际规则不符的可能性。

第五章
铝型材出口反倾销案

一、案件简介

随着中国对越南出口贸易的增长，越南对中国发起的反倾销调查也越来越频繁。从2013年越南对中国的冷轧不锈钢发起第一起反倾销调查至2023年，越南对中国共发起了12起反倾销调查，涉及的行业包括钢铁、食品、有色金属、纺织、化学原料和制品等，严重影响了中国企业对越南的出口贸易。

2018年10月18日，越南4家铝型材生产企业代表国内产业向越南工贸部提交申请，要求对原产于中国的铝型材产品发起反倾销调查。本案的涉案产品海关HS编码为7604.10.10、7604.10.90、7604.21.90、7604.29.10和7604.29.90，包括非合金铝制条（杆）、非合金铝制型材及异型材、铝合金制条（杆）、其他铝合金制型材及异型材。2019年1月11日，越南工贸部决定对原产于中国的铝型材产品启动反倾销立案调查。越南工贸部于2019年5月29日颁发议定书，决议对自中国进口的部分铝型材征收临时反倾销税。临时反倾销税率范围为2.46%~35.58%，涉及中国多家铝业公司。临时反倾销税自议定书颁发后7天开始生效，有效期120天。其间，越南调查机构将继续进行反倾销调查并召开听证会，以便做出最终裁决。2019年9月28日，越南工贸部做出最终裁定，对来自中国的涉案企业征收2.49%~35.58%的反倾销税率，有效期为5年。

2020年11月8日，根据中国的铝业公司提交的申请，2020年11

月18日，越南工贸部对该案启动第一次期中复审调查。2021年4月20日，越南工贸部对该案作出第一次期中复审终裁，将涉案产品的反倾销税率调整为4.39%~35.58%；对于提出期中复审申请的企业，无论其在原审调查中是否应诉，越南工贸部均根据企业的申请，重新裁定其税率。2022年6月10日，越南工贸部发布第1149/ QD–BCT 号决议，对原产于中国的铝型材启动反倾销第二次期中复审调查。2023年1月19日，越南工贸部发布第74/QD–BCT 号决议，对原产于中国的铝型材作出反倾销第二次期中复审终裁，将涉案产品的反倾销税率调整为2.85%~35.58%。

二、案件申请阶段

（一）管辖部门介绍

越南工贸部设有36个司局和研究院，负责全越南工业生产（包括机械、冶金、电力、能源、油气、矿产及食品、日用消费品等行业生产）、国内贸易、对外贸易、WTO事务、自由贸易区谈判等。各省和直辖市设有工贸厅，主管辖区内的工业和贸易工作。此外，工贸部在各驻外使领馆和多边经贸组织均派驻代表。

综上所述，越南企业的对外贸易摩擦案件归越南工贸部管理。2019年1月11日，越南工贸部应越南4家铝型材生产商提出的申请，决定对原产于中国的铝制合金或非合金型材启动反倾销立案调查。

（二）被申请人背景介绍

此次反倾销调查主要涉及我国16家企业，其中广西铝业受创严重，被反倾销调查出口企业7家，其中有5家企业来自广西百色市田阳县（现为田阳区）新山铝产业示范园区。

广西是我国铝型材产量最多的五省（区）之一，广西百色和广东南海、山东临朐、辽宁辽阳以及江浙地区并列为国内最具特色的五个铝型材集群。

近年来，百色市着力推动百色重点开发开放试验区高质量发展，着力推进产业转型升级，加速培育壮大经济发展新动能。百色市依托丰富的铝资源优势，大力发展铝产业，形成了完整的铝产业链，全国生态型铝产业示范基地基本建成，成为广西千亿元铝产业集群。

三、案件调查阶段

（一）被调查产品描述

被调查产品名称：非合金铝制品（英文名称是 Non-alloy aluminum products）和铝合金制品（英文名称是 Aluminum alloy products）。

被调查产品描述：非合金铝，即纯铝，是一种单质金属，不是合金。1060属普通工业纯铝，含铝量不小于99.60%，其特点是强度低（加工硬化是唯一的强化途径）、热加工和冷加工性能好、导热导电率高、抗蚀性能优良。广泛用于要求成形性能良好、抗蚀、可焊的工业设备，也可作为电导体材料。铝合金制品，是以铝为基体结构添加一定量其他合金化元素的合金，是轻金属材料之一。铝合金除具有铝的一般特性外，由于添加合金化元素种类和数量的不同又具有一些合金的特殊性能。铝合金的密度为2.63~2.85g/cm^3，有较高的强度（抗拉强度为110~650MPa），强度接近高合金钢，刚度超过钢，有良好的铸造性能和塑性加工性能，良好的导电、导热性能，良好的耐蚀性和可焊性，可作结构材料使用，在航天、航空、交通运输、建筑、机电、轻化和日用品中有着广泛的应用。

（二）调查过程概述

反倾销调查主要涉及16家中国企业，最终应诉企业共计15家。广西出口企业7家，其中有5家企业来自广西百色市田阳县（现为田阳区）新山铝产业示范园区。2019年1月11日，本案启动立案调查。调查机关未采用"抽样"办法，参与应诉的中国企业均须完整回答反倾销问卷。涉案企业登记成为相关方后，于2019年3月21日按时提交问卷。2019年5月29日，调查机关发布本案的初裁公告，决定自2019年6月5日起按照初裁税率执行临时反倾销措施，临时反倾销税率范围为2.46%~35.58%。初裁后涉案企业草拟并提交初裁后评议。

四、案件裁定

2019年8月23日，调查机关召开公开听证会，涉案企业参加并发表意见。2019年9月18日，调查机关发布本案的终裁公告。2019年9月28日，越南工贸部发布第2942/QD-BCT号决议，对原产于中国的铝型材作出反倾销肯定性终裁，决定对中国涉案企业征收税率为2.49%~35.58%的反倾销税，有效期为5年。2019年10月3日起按终裁税率正式执行反倾销措施。

五、案件复审

（一）复审缘由及过程

2019年9月28日，越南工贸部做出最终裁定，对来自中国的涉案企业征收2.49%~35.58%的反倾销税率。2020年11月8日，根据中国多家铝业公司提交的申请，越南工贸部发布立案公告，对来自中国的铝型材产品进行期中复审调查。越南的期中复审制度，为在原审调查期内没有向越南出口，因此无法应诉的企业提供了确定其有无倾销以及具体的倾销幅度的机会，也为在原审调查期内虽然应诉，但是税率不理想的企业提供了重新确定其倾销幅度以获得较低的单独税率的机会，为其开拓越南市场提供了契机。

2021年4月20日，越南工贸部发布终裁，对来自中国的铝型材产品征收4.39%~35.58%的税率（详见表2）。对于提出期中复审申请的企业，无论其在原审调查期中是否应诉，越南工贸部均根据企业的申请，重新裁定其税率。

表2　越南对中国铝型材反倾销期中复审终裁结果表

序号	生产商参考译名 （生产商英文名）	贸易商参考译名 （贸易商英文名）	税率
1	广东兴发铝业有限公司（Guangdong Xingfa Aluminium Co., Ltd.） 兴发铝业（成都）有限公司（Xingfa Aluminium（Chengdu）Co., Ltd.） 广东兴发铝业有限公司 Guangdong Xingfa Aluminium（Jiangxi）Co., Ltd.	佛山市兴发商贸有限公司（Foshan Xingfa Trading Co., Ltd.） 广西福德进出口有限公司（Guangxi Forde Imp.&Exp. Co., Ltd.） Guangzhou Kaili Import & Export Trading Co., Ltd. Pingxiang City Hefa Trade Co., Ltd.	5.47%
2	广东坚美铝型材厂（集团）有限公司（Guangdong JMA Aluminium Profile Factory（Group）Co., Ltd.） 佛山坚美铝业有限公司（Foshan JMA Aluminium Co., Ltd.）	坚美（香港）有限公司（JMA（HK）Company Limited）	5.69%

续表

序号	生产商参考译名 （生产商英文名）	贸易商参考译名 （贸易商英文名）	税率
3	Guangxi Baoxin Aluminium Co., Ltd.	Pingxiang Huashao Import & Export Trade Co., Ltd.	35.58%
4	福建固美金属股份公司（Goomax Metal Co., Ltd Fujian）	泉州晟创商贸有限公司（Quanzhou Shengchuang Trading Company）	18.16%
5	临朐恒信铝型材有限公司（Linqu Hengxin Aluminium Co., Ltd.） Linqu Linqu Lude Industry and Trade Co., Ltd	—	24.87%
6	Guangxi Aomei Alumium Industry Co., Ltd.	—	25.62%
7	Guangxi Yangli Aluminium Co., Ltd	—	22.00%
8	佛山市三水凤铝铝业有限公司（Foshan Sanshui Fenglu Aluminium Company Limited）	—	35.58%
9	山东新裕东铝业有限公司（Shandong Xinyudong Aluminium Co., Ltd.）	—	35.58%
10	广东伟业铝厂集团有限公司（Guangdong Weiye Aluminium Factory Group Co., Ltd.）	—	10.25%
11	南宁市威威海建筑门窗有限公司（Nanning City Weiweihai Construction Doors and Windows Co., Ltd.）	—	23.47%
12	南南铝业股份有限公司（Alnan Aluminium Co., Ltd.）	—	35.58%
13	Guangxi Yalong Aluminium Industry Co., Ltd.	—	35.39%

续表

序号	生产商参考译名 （生产商英文名）	贸易商参考译名 （贸易商英文名）	税率
14	平果鉴烽铝型材有限公司 （Pingguo Jianfeng Aluminium Company Limited）	—	31.22%
15	Huachang Aluminium Factory Co., Ltd.	Weichang Aluminium（Hong Kong）Co., Ltd.	35.58%
16	Bazhou Jinwoshengdi Aluminium Products Co., Ltd.	—	4.39%
17	Fujian Zhangzhou Antai Aluminium Co., Ltd.	厦门安泰新能能源科技有限公司（Xiamen Antai New Energy Technology Co., Ltd.）	14.75%
18	其他生产商或贸易商		35.58%

（编译自：越南工贸部贸易防卫局官网）

（二）复审规则

根据越南反倾销相关法律规定，期中复审的申请需要在原审措施或者最近一次的复审终裁措施实施后一年期限届满前的60天内提出，但是提交申请的时间距离调查机关决定是否发起日落复审的期限不足9个月的除外。因为根据越南反倾销法律规定，越南工贸部在期中复审立案后应该在6个月内公布调查结果，特殊情况下可延期3个月，也就是说期中复审的调查期限最长不超过9个月，这样可保证越南工贸部在决定是否发起日落复审调查前有充足的时间进行期中复审调查。根据越南相关规定，申请人提出期中复审的申请书需说明从反倾销措施实施到提出期中复审申请之前的出口价格、正常价值或生产成本等发生的变化，并提供有关对越南出口的销售文件，包括发票、提单、箱单等证明文件。根据该要求可以看出，提出期中复审申请的一个重要条件就是从反倾销措施实施到提交申请的这段时间内，生产商或出口商对越南有实际的出口，并且出口数量为合理的商业数量。根据越南反倾销法律法规，越南工贸部在收到复审申请后的15天内将对申请文件进行审核，如果认为申请文件内容不充分，则会发放补充问卷要求申请人提交补充信息。越南工贸部将在收到完整有效的申请文件后的30天内作出决定是否正式立案。

正式立案后，越南工贸部将在15天内发放调查问卷给利害关系方。利害关系方应在收到调查问卷后的30天内提交答卷，完成答卷有困难的可申请延期，一般延期不超过30天。答卷提交以后，越南工贸部会对利害关系方提交的答卷进行审核，并根据情况发放补充问卷。正常情况下，越南工贸部会在作出裁决之前进行实地核查。新冠疫情期间，实地核查变更为书面核查，要求利害关系方按照核查清单的要求提交相关的文件。根据越南反倾销法律法规，越南工贸部将在正式立案后6个月内作出最终裁决，特殊情况下可延期3个月。与原审调查相比，企业在期中复审调查中的地位更为有利，因为原审调查针对的是原审调查内的交易，对于之前已经发生的事实，企业没有机会再行调整，但是对于期中复审，企业则可以在提起期中复审申请以前进行一定的安排。因此，中国企业可以充分利用越南的期中复审制度，积极地准备、申请和参与越南的期中复审调查，争取通过期中复审降低税率，进而能够重返越南市场。具体而言，企业在提起期中复审申请之前，可以做好以下准备：一是安排一定合理的出口数量对越南出口；二是合理安排出口价格，确保没有倾销幅度或者倾销幅度较低；三是做好相应的账务处理，能够有效地应对越南工贸部的核查。

（三）二次复审

2022年6月10日，越南工贸部发布第1149/ QD-BCT号决议，对原产于中国的铝型材启动反倾销第二次期中复审调查。涉案产品的海关HS编码为7604.10.10、7604.10.90、7604.21.90、7604.29.10和7604.29.90。中国行业协会和政府部门积极组织和鼓励企业参加复审调查，把握重返越南市场契机。2023年1月19日，越南工贸部发布第74/QD-BCT号决议，对原产于中国的铝型材作出反倾销第二次期中复审终裁，将涉案产品的反倾销税率调整为2.85%~35.58%（详见表3）。

表3　中国涉案产品调整后的反倾销税率

序号	生产商参考译名 （生产商英文名）	贸易商参考译名 （贸易商英文名）	税率
1	广东兴发铝业有限公司（Guangdong Xingfa Aluminium Co., Ltd.） 兴发铝业（成都）有限公司（Xingfa Aluminium（Chengdu）Co., Ltd.） 广东兴发铝业（江西）有限公司（Guangdong Xingfa Aluminium（Jiangxi）Co., Ltd.） 广东兴发精密制造有限公司（Guangdong Xingfa Precision Manufacture Co., Ltd.）	佛山市兴发商贸有限公司（Foshan Xingfa Trading Co., Ltd.） 广西福德进出口有限公司（Guangxi Forde Imp. & Exp. Co., Ltd.） 凭祥市合发进出口贸易有限公司（Pingxiang City Hefa Trade Co., Ltd.）	2.85%
2	广东坚美铝型材厂（集团）有限公司（Guangdong JMA Aluminium Profile Factory（Group）Co., Ltd.） 佛山坚美铝业有限公司（Foshan JMA Aluminium Co., Ltd.）	坚美（香港）有限公司（JMA（HK）Company Limited）	5.69%

续表

序号	生产商参考译名 （生产商英文名）	贸易商参考译名 （贸易商英文名）	税率
3	广西宝新铝业有限公司 （Guangxi Baoxin Aluminium Co., Ltd.）	凭祥华邵进出口贸易有限公司（Pingxiang Huashao Import & Export Trade Co., Ltd.）	35.58%
4	福建固美金属股份公司（Goomax Metal Co., Ltd Fujian）	泉州晟创商贸有限公司（Quanzhou Shengchuang Trading Company）	18.16%
5	临朐恒信铝材有限公司（Linqu Hengxin Aluminium Co., Ltd.） Linqu Linqu Lude Industry and Trade Co., Ltd.	—	24.87%
6	广西澳美铝业有限公司（Guangxi Aomei Alumium Industry Co., Ltd.）	—	25.62%
7	广西扬力铝业有限公司（Guangxi Yangli Aluminium Co., Ltd.）	—	22.00%
8	佛山市三水凤铝铝业有限公司（Foshan Sanshui Fenglu Aluminium Company Limited）	—	35.58%
9	山东新裕东铝业有限公司（Shandong Xinyudong Aluminium Co., Ltd.）	—	35.58%
10	广东伟业铝厂集团有限公司（Guangdong Weiye Aluminium Factory Group Co., Ltd.）	—	10.25%
11	南宁市威威海建筑门窗有限公司（Nanning City Weiweihai Construction Doors and Windows Co., Ltd.）	—	23.47%
12	南南铝业股份有限公司（Alnan Aluminium Co., Ltd.）	—	35.58%

续表

序号	生产商参考译名 （生产商英文名）	贸易商参考译名 （贸易商英文名）	税率
13	广西亚龙铝业有限公司 （Guangxi Yalong Aluminium Industry Co., Ltd.）	—	35.39%
14	平果鉴烽铝材有限公司 （Pingguo Jianfeng Aluminium Company Limited）	—	31.22%
15	江苏华昌铝厂有限公司 （Huachang Aluminium Factory Co., Ltd）	Weichang Aluminium（Hong Kong）Co., Ltd.	35.58%
16	霸州金沃晟迪铝业制品有限公司 （Bazhou Jinwoshengdi Aluminium Products Co., Ltd.）	—	4.39%
17	Fujian Zhangzhou Antai Aluminium Co., Ltd.	厦门安泰新能能源科技有限公司（Xiamen Antai New Energy Technology Co., Ltd.）	14.75%
18	其他生产商或贸易商		35.58%

六、本案对国内铝型材产业发展的影响

自2019年10月越南对我国铝制品采取反倾销措施以来，铝型材进口量、铝型材国内价格和国内铝产业均不同程度的受到影响。

（一）产业对外销量明显下滑

此次反倾销直接造成了国内铝业的对外出口量大幅下降，从2019年下半年开始，国内铝产品受到越南反倾销政策的影响，铝条、铝杆等部分铝产品对越南出口量出现下降，出口总额同比下降4%。在2019年10月原审终裁税率出来之后，我国对越南铝型材出口量大幅度下跌，2020全年出口量仅是2019年的68%左右，乃至2021年出

口量也远低于2019年，甚至低于2018年，足以说明此次反倾销给国内铝型材行业带来了严重冲击。这直接导致了许多国内中小铝型材企业的减产甚至破产。

（二）越南反倾销行为导致其他国家的模仿跟进

中国出口的铝产品物美价廉冲击了发展中国家的本土行业，就会受到发展中国家的反倾销。对于发达国家而言，中国的产品也会冲击到他们国家本土的铝型材产业，出于国家保护的原因，发达国家也会模仿发展中国家对我国的产品采取反倾销措施。在越南对华铝型材采取反倾销措施后，欧盟也于2020年2月14日对我国铝型材进行了反倾销调查立案，可以认为这是对越南之前反倾销行为的模仿。而欧盟案于2021年3月终裁决定对中国企业征收税率为21.2%~32.1%的反倾销税，这对我国的铝型材产业无疑是雪上加霜。国内铝产品在国际市场上的份额严重下降，不利于开拓国外市场。

七、案件启示

（一）企业应积极应诉

在越南对中国铝型材反倾销原审中，总计15家应诉企业当中有7家广西企业，其中3家企业取得了较低税率。其实，反倾销诉讼数量的增多并不令人担心。从以往的事实看，令人担心的是，我国有些出口企业面对国际反倾销指控，往往采取消极不应诉的态度，既不愿花钱，也不愿承担责任，宁可牺牲自己在国外的市场，也不主动争取自身的权益。据统计，在国外对我国的反倾销案中，我国至少有一半的企业不应诉，直接导致了80%反倾销案件的败诉。因此，国内企业在遭遇反倾销指控时一定要积极应诉，捍卫自己的合法权益和正当市场。企业应当清醒地认识到，某种产品在国外的市场并非是某个出口企业独有的市场，而是我国同一产品出口企业的整体市场，或者说是我国在国外的市场。外国对我国某种产品倾销的指控一旦认定，则所有来自中国的同一产品就将被征收同样的高额反倾销税，因裁决后征收的高额关税将无法逾越，必将导致我国企业自动放弃该国市场的严重后果。反倾销的实践充分证明，企业是否积极应诉，结果截然不同，谁应诉，谁受益。如果积极应诉，国际市场将越走越宽；不应诉等于不战而降，放弃市场。放弃应诉无异于自己主动放弃国际市场机遇，而积极应诉往往能稳住国际市场，保障自身合法权益。

（二）积极关注"利益交错"

反倾销的措施在保护进口方同类产品的相关产业的同时，也会损害其进口商的利益。企业应对反倾销时应充分利用这种利益交错关系，多与进口商保持联系、互相合作。在本案中，越南进口商及下游用户在听证会上表现尤为积极，甚至与越南国内产业和海关展开了辩论。又如，2002年中国轴承反倾销案中，美国某通用轴承公司作为美国轴承制造商协会（ABMA）的重要成员，不仅反对ABMA对中国球轴承进行反倾销起诉，而且作为中方的证人向美国国际贸易委员会的各位评审员列举了大量的证据，帮助中方进行了有力抗辩。之所以如此，是因为该公司在中国的相关产业有很多投资，如果中方败诉，也将直接影响其自身利益。

当前，中国已成为世界上最具潜力的市场，每一个跨国公司都不会忽视这个市场，因此他们在中国会有自己的利益关系。我们可以利用这些利益关系在反倾销应诉过程中牵制他们，和他们讨价还价，这些跨国公司会顾及在中国的市场份额而在利益上做出让步，从而帮助我们争取有利的地位。例如，在2004年中国节能灯反倾销应诉案中，我们就利用这种利益关系成功使飞利浦撤诉。

（三）重视"实地核查"

实地核查并不仅仅是调查机关验证企业已提交信息是否完整、真实、准确的程序，同时也为中国政府和企业作为应诉方提供了抗辩机会。在本案中，广西2家铝业公司、广东2家铝业公司和临朐某铝型材厂有限公司获得了被实地核查的机会，通过实地核查可以面对面地向调查机关澄清、解释所提交的信息，协助调查机关更好地了解应诉企业和中国相关产业情况。最终，被实地核查的5家公司，终裁税率为8.41%~25.62%，均没有达到最高税率35.58%。另外，由于大多数WTO成员方对于是否给予中国市场经济地位待遇（MET）没有定论，反倾销调查时，不到我国进行实地核查我国企业是否按市场经济运作，使我国企业根本没有机会为自己申辩。在我国出口产品遭遇海外反倾销时，商务管理部门应该采取更有效的措施，与海外反倾销机构进行交涉，争取让海外反倾销机构到我国进行实地核查，确定我国市场经济地位。

（四）企业管理还有待规范

反倾销调查的核心是价格比较，而价格比较就要求有细致的产品分类、完善的成本记录、规范的销售做法等。与位于广东，特别是佛山地区成熟的铝型材企业相比，在越南反倾销案中应诉的广西企业中很多成立时间短、规模小，存在生产、销售和财务管理相对粗放的问题。例如，在越南案中的部分应诉企业，因为成本核算中不分产品类别或分类过粗，导致本应存在明显成本差异的各类产品只有一种成本，因而被越南调查机关认定为成本"不可信"，最终导致被裁定适用中国统一税率（最高税率）。在各国反倾销调查中，调查机关在对数据"可信度"进行认定时，不仅要看公司是否有财务记录，还要看这些财务记录是否"合理"，即是否合理反映了产品生产和销售的实际情况。小企业、新企业采用过于粗放的记账方式，很可能在反倾销调查中被认定为"不能合理反映实际成本状况"，因此其成本被认定为"不可信"。

除了产品分类过粗的问题外，还有一些未按照会计准则做账甚至违反会计制度的情况，如有个别企业存在部分销售、采购费用不入账、走账外账等问题，导致公司财务数据与经营实际脱节。在销售中还存在商业单据、报关记录等与财务账目不吻合的情况。反映在应诉过程中，调查机关很容易发现问题并裁定惩罚性税率。（例如个别企业的某些物料采购不入账、少入账，就会造成成本结构明显畸形。）

由于反倾销调查中"价格分类比较"的特点，企业能否做到每类产品的成本与价格合理匹配是争取低税率的关键之一。部分广西应诉企业虽然公司整体盈利，但具体到不同的产品时有的盈利、有的亏损，由于确定"正常价值"过程中"只考虑有盈利内销"的做法，就会导致此类企业在应诉中吃亏。因此，对于进行成本分类核算的企业，也仍需要解决成本与价格匹配的问题，如价格高的产品成本低，而价格低的产品反而成本高，哪怕公司整体上是有利润的，也可能计算出存在倾销幅度。这就要求企业在管理上，特别是成本控制和账目管理上更加精细化。具体改进方法包括制订合理的成本归集或分配原则，进行分产品类别的成本与价格匹配测试等。

虽然参与越南反倾销调查的广西企业应诉积极性较高，但由于经验不足等原因，仍存在提供资料困难或配合度不足等情况。提供数据较差的具体原因，主要是有的企业没有专职财务人员，而是外聘会计人员。外聘会计人员的工作精力投入有限，更多的是局限于协助企业记账、做报表，若要建立完善的成本会计方法则要求会计人员对企业的产品和业务有深入了解，并投入更多精力。

综上所述，出口企业应完善会计制度，重视信息收集，加强价格管控，对敏感国家和地区的出口控制好价格和数量，避免企业间的恶性竞争。企业也要将收集的信息进行加工整理，积极与行业协会及政府沟通，克服消极情绪。一旦发生国外反倾销调查，各企业要与政府协作，相互之间也要联合起来，积极应诉，维护自己的利益，保护自己在国外的市场。

（五）政府部门组织有力

本次反倾销调查，越南未采用抽样调查方法，要求所有应诉企业均需要完整答卷、参与全程调查。此案中大多数广西应诉企业是第一次应对国外反倾销调查就面临完整调查程序，在此过程中，政府的组织、引导、鼓励和支持起了很大的作用，也需要企业勇于积极面对国际贸易摩擦。企业的积极应对，很大程度上得益于广西壮族自治区商务厅和地方商务部门的积极组织、引导和扶持。在此案的应诉中，企业了解了反倾销基本概念、原理和规则，为今后应对类似调查积累了经验，也通过此次反倾销调查认识到企业管理中需要改进的问题，促进了企业管理水平的提升。

（六）行业协会在反倾销机制中发挥着不可或缺的作用

从以往中国遭遇的反倾销案例来看，国外以行业协会（包括商会，下同）作为申请人发起的反倾销案件占了绝大多数。同时，从国外案例来看，被反倾销调查的企业一般由行业协会出面进行价格协调和组织应诉的案件也占了很大比例。行业协会在反倾销调查案例中的优势是显而易见的。

首先，企业能在行业协会协调组织下，对价格、市场等方面进行充分协商、协调，能对敏感国家和地区的出口控制好价格和数量，避免国内企业间的恶性竞争，从根本上避免或减小被诉讼的概率。

其次，当国外对中国产品提起反倾销诉讼后，行业协会可以及时、有效地组织有关企业积极应诉或者代表企业应诉。在反倾销调查过程中，行业协会可以配合外国调查机关，提供有关本行业的全面资料，为核查提供便利，从而使调查方全面真实地了解本国本行业的情况，作出公正、合理的裁决。

再次，行业协会可以聚集本行业的整体实力面对国外反倾销调查，减轻单个企业的应诉费用。国外反倾销应诉成本很高，单个企业难以承受，同类企业联合应诉是最好的办法。为了保证国内企业积极应诉国外反倾销诉讼，行业协会可以考虑建立反倾销应诉基金，基金来源是会员企业根据出口额多少按比例上缴的年度会费。这项基金可以用来建立信息渠道、培训反倾销专业人员、聘请律师、组织企业应诉等。

最后，行业协会作为非政府机构在应诉中不会授人以柄，造成政府操纵市场、控制价格的不良印象，使起诉国在"非市场经济地位"问题上无文章可做。

可喜的是，在本案迎来终裁前，在百色市委、百色市人民政府以及广西有色金属工业协会的支持下，经百色市民政局核准，百色市铝产业协会（以下简称"百色铝协"）于2019年7月正式揭牌成立。百色铝协是具有社会团体法人资格的非营利组织，是中国西南、中南地区首家铝产业协会。希望在今后反倾销机制中，百色铝协发挥好桥梁纽带作用，协助政府组织相关企业召开应诉会议、协调现场、沟通信息、制订应诉计划、研究应诉对策，并积极与地方政府沟通反映情况以取得支持。

（七）培养一批自己的专业反倾销人才队伍迫在眉睫

首先，广西反倾销应诉的经贸法律人才仍然不足。从法律服务方面来看，广西律师事务所连反倾销调查的实地核查业务和调查问卷填写的法律服务业务都未曾开展过。一旦出现反倾销调查案件，企业需寻找北京、上海的有经验的律师事务所帮助应诉，企业在应诉初期即花费了大量的时间甄选律师事务所。且区外律师事务所在了解材料、进行沟通方面工作时间有限，收费较为昂贵，应诉只有1个月的期限，外地律师事务所如不能驻扎于企业专心工作，不利于区内企业应诉。加强本地专业律师的培训，提高本地企业遭遇反倾销后应诉的效率是当前地方政府应予以关注的问题。地方政府还可以帮助本地企业及法律服务从业人员建立与各级商务管理部门的联系途径，为本地法律服务从业人员与企业之间的沟通提供便利，以利于本地企业的快速反应。譬如调查问卷，其实每个国家和地区无论调查的是何种行业，调查问卷均为格式问卷，可以与商务部沟通留底每个国家或地区的中英文问卷备查，以节省翻译时间和费用，给企业回答问卷留下更充足的时间。

其次，反倾销的翻译人才仍然不足。翻译机构对被调查行业及法规不熟悉，中文转为外国语言时，有可能不能真实反映原文原意。反倾销调查问卷可能有多种语言，当译文律师无法核对时，翻译机构的翻译水平就非常重要了。所以，应有意识培养熟悉贸易及会计知识的译员。

（八）规范管理积极研判提高我国市场经济地位认可度

为应对本次反倾销调查，地方政府和企业都付出了大量的时间、财力、人力，但效果不佳。加入 WTO 后，反倾销调查产品进口方家判定我国是市场经济地位还是非市场经济地位，是我国企业应对反倾销的关键所在。在反倾销调查中，如果对方认定我国相关产业属于"非市场经济"，反倾销调查可以采用"第三国替代"的方法来确定产品生产成本和价格。一些产品进口方在针对我国出口产品进行反倾销案调查中故意选择产业不发达或市场价格畸高的国家产品作为替代价格，就会使我国出口的产品价格显得非常低廉，反倾销调查结果显示存在显著倾销幅度，造成在反倾销案中我国企业败诉，使我国出口产品痛失海外销售市场。

随着15年期限的届满，关于《中华人民共和国加入世界贸易组织议定书》第15条的"替代国"条款是否终止及中国能否自动获得市场经济地位，中国与美国、欧盟之间的分歧愈演愈烈。中国认为，WTO 成员方应当切实履行第15条规定的义务，终止反倾销调查中的"替代国"做法，要求承认中国的市场经济地位。美国和欧盟迄今未履行上述义务，在对待中国的市场经济地位问题上立场不一。美国仍否认中国的市场经济地位，在确定正常价值时，仍采用替代国计算方法。欧盟目前的态度尚不明朗。

在应对日后的反倾销工作中，我们应积极研判发起国对中国市场经济地位的认可度，以便做出有效的应对。第一，加强企业外销工作管理，妥善保管各种外贸单证、交易谈判记录。实例证明，各种外贸单据和外销谈判记录是填报申请所需的最重要的书证资料，同时也是中国企业在应诉过程中最容易出现问题的部分。做好上述工作是准备应诉的第一步。第二，建立、健全财务制度，保证企业会计文件、财务数据钩稽一致。诸多企业往往因疏于财务管理，财务数据无法一一对应而导致整个应诉的失败。特别是有经过专业机构审计的财务报表，是参与应诉并取得成功的最基本条件。第三，及时了解进口方申请方的动向，组织必要的游说以阻止申请方对反倾销调查的提起。一旦遭遇反倾销调查，调整心态积极应诉，特别不能放弃数量金额问卷或抽样问卷的提交。在专业机构的辅导下，以团队模式应对，努力稳定海外市场。

第六章

陶瓷出口反倾销案

一、案件简介

2012年，对广西陶瓷企业A来说，注定是难忘而又不平凡的一年。在这一年，该集团陶瓷产品销售滑坡，一反常态——在欧洲主权债务危机及贸易保护主义蔓延的大背景下，中国日用陶瓷出口困境重重。该集团作为中国出口龙头企业，受影响很大。2012年2月16日，欧盟正式立案对华日用陶瓷开展反倾销调查，全国涉案金额7.13亿美元，其中玉林市涉案金额共5457万美元，涉案陶瓷生产企业14家，几乎占全国涉案金额的8%，涉案产品有可能被征收最高达500%的反倾销税。广西陶瓷企业A则首当其冲。

中国日用陶瓷长期占据欧盟60%的市场份额。而据海关的统计数据，在出口欧盟的日用陶瓷产品中，超70%为广西制造。

中国对外贸易的迅猛增长，是因为中国产品有巨大的劳动力和原材料的比较优势，在竞争中往往处于有利地位，挤压了其他国家厂商的本国内部市场份额。在这种情况下，国外产业借以中国非市场经济地位、世界贸易组织规则的漏洞和极少数企业的倾销行为为借口，纷纷利用反倾销措施来保护本国产业。针对中国产品普遍质优价低的特点，国外产业越来越愿意使用反倾销措施限制中国产品的竞争。反倾销已经成为各国贸易保护主义者最后选择的，也是最有杀伤力的武器。据商务部统计，近年来针对中国的反倾销案件占世界反倾销案件的比例已由20世纪90年代的5%猛增至20%，远远超出中国在世界贸易中所占的份额。

我国于2001年加入WTO以后，以美国、欧盟为首的对华反倾销活动甚嚣尘上。全球针对中国产品的反倾销案约450起，涉及金额高达数百亿美元。反倾销调查国从美国、澳大利亚、日本、加拿大等发达国家及欧盟到墨西哥、阿根廷、巴西、印度、土耳其、印度尼西亚、委内瑞拉、哥伦比亚等发展中国家。这其中，对中国发起贸易反倾销调查排名前十的是美国、欧盟、印度、阿根廷、土耳其、澳大利亚、南非、墨西哥、加拿大和巴西。在裁定倾销立案中，中国案件占总案件的近20%，位于全球之首，成为最大的反倾销受害国。

2012年欧盟立案对中国陶瓷餐具发起反倾销调查。据中国陶瓷协会统计，中国涉案企业超过2000家，涉案企业集中在广东潮州、广西北流、湖南醴陵、河北唐山、山东淄博等地，涉案金额7亿多美元。该案成为中国陶瓷反倾销案件中，涉案金额最大、影响范围最广的反倾销案件。中国日用陶瓷出口的两大主要市场分别是欧盟和美国，一旦被欧盟开征惩罚性关税，中国的陶瓷厨餐具就几乎无法进入欧盟市场，这将对我国陶瓷产业造成严重冲击。

2012年11月15日，欧盟正式做出反倾销初步裁决。根据初裁决定，从11月16日开始，在欧盟入关的产品，要征收6个月的临时反倾销税，并于6个月后做出终裁决定。386家生产型出口企业向欧盟提交应诉文件。初裁结果公布，中国企业被裁定最高征收临时反倾销税率为58.8%。

欧盟正式立案后，中国日用陶瓷企业一下子陷入了恐慌和混乱之中。欧盟进口商也处于犹豫不决的观望状态，导致北流日用陶瓷出口量的严重下滑。广西陶瓷企业A有50%以上产品销往欧盟，是此次欧盟反倾销首当其冲的受害者。

二、案件申请阶段

（一）支持单位情况介绍

欧盟即欧洲联盟的简称，是一个政治和经济共同体。欧盟总部设在比利时首都布鲁塞尔，是由欧洲共同体发展而来的，创始成员方有6个，分别为德国、法国、意大利、荷兰、比利时和卢森堡。现拥有27个会员国，正式官方语言有24种。欧盟是欧洲地区规模较大的区域性经济合作的国际组织。成员方已将部分国家主权交给组织，主要是经济方面，如货币、金融政策、内部市场、外贸，这令欧盟越来越像联邦制国家。

20世纪90年代以后，随着我国与欧盟经贸关系的发展，欧盟对中国产品反倾销的规模不仅越来越大，且反倾销立案调查频繁、裁定率越来越高，是西方发达国家中对我国发起反倾销调查最多的地区。欧盟对中国日用陶瓷餐具反倾销的意图由来已久，早在2006年3月和2010年7月，我国商务部曾先后向中国企业发出过欧盟反倾销的预警信息，后来在各方协调下欧盟并没有立案。此次重新立案，必定是准备充分。

中国陶瓷在欧盟占60%以上的市场份额，是欧盟第一大日用陶瓷进口国。如果被欧盟认定为倾销而征收高额反倾销税，无疑会给中国陶瓷产业特别是北流陶瓷产业带来重大打击。

（三）被申请人背景介绍

中国陶瓷企业遭遇的欧盟反倾销调查，明显是针对北流产区、针对广西陶瓷企业A，因为全国输出到欧盟的日用陶瓷属北流最多，北流陶瓷输出到欧盟的属广西陶瓷企业A最多。北流陶瓷是北流五宝之一，始于夏商，发展于20世纪80年代，于近几年壮大。尤其是建设广西北流日用陶瓷工业园区后，陶瓷产业发展迅猛，已成为支撑经济快速发展的重要支柱产业。北流陶瓷龙头企业已形成规模化、品牌化，其中广西陶瓷企业A、某超瓷业公司和某礼瓷业公司已入选全国日用陶瓷企业50强。

广西陶瓷企业A有50%以上产品销往欧盟，是此次欧盟反倾销首当其冲的受害者。该企业位于拥有"中国陶瓷名城"称号的广西壮族自治区玉林市北流市，是一家集科、工、贸于一体的现代化日用陶瓷生产企业，拥有自治区级企业技术中心、广西唯一的日用陶瓷工程技术研究中心及陶瓷研究所。公司年产日用陶瓷1.8亿多件，产品80%以上用于出口，且以欧盟为主要市场。据海关资料显示，从2001年起至2011年，广西陶瓷企业A日用陶瓷的产销量、销售收入、出口创汇等指标连续多年名列全国同行业第一。

三、案件调查阶段

（一）被调查产品描述

被调查产品名称：陶瓷餐具和厨房用品（英文名称是 Ceramic tableware and kitchen supplies）

被调查产品描述：陶瓷餐具，由最粗糙的土器到最精细的精陶器和瓷器都属于它的范围。它的主要原料是取之于自然界的硅酸盐矿物（如黏土、长石、石英等），因此与玻璃、水泥、搪瓷、耐火材料等工业同属于"硅酸盐工业"的范畴。陶瓷餐具的制作方法分为釉上彩、釉下彩、釉中彩，其造型多样、色彩斑斓、手感清凉细滑，容易洗涤，深受世人喜爱。

针对此次反倾销调查的涉案产品范围，中国涉案企业、行业协会和欧盟进口商提出了很多有理有据的申辩，要求将相关产品排除在此次调查范围之外，具体要求排除的产品包括：①骨瓷、②陶瓷厨房用刀具、③中国/东方式外观陶瓷餐具和厨具、④耐用陶瓷、⑤手工陶瓷、⑥手绘图案餐具、⑦釉底手绘图案餐具、⑧非欧盟生产餐具、⑨粗陶器。

欧盟对提出的所有申辩，逐一做了调查和分析，最后认定只接受第②项申辩，即将陶瓷刀具排除在调查范围之外。欧盟给出的理由是，尽管这些产品在性能和式样上有所不同，但具体的物理和技术特性是一样的。在涉案产品范围未能被严格限定的情形下，在本案中有近400家的中国涉案企业应诉也就不难理解了。

对涉案产品提出如此多的排除申辩，在欧盟的反倾销案件中是不多见的，也说明了中国涉案企业越来越主动应诉反倾销，应诉策略也渐趋成熟。在以往的案例中，也有不少因抗辩调查产品范围不明确而促使欧盟最后缩小调查范围或终止调查的成功案例。

另外，欧盟也拒绝了相关方提出的欧盟产业生产的陶瓷餐具和厨具与在欧盟市场上销售的产品不类似的主张，特别是裁定消费客户不类似的主张。欧盟认为低品质和高品质的陶瓷餐具和厨具是通过同样的分销渠道销售的，即依赖同样的独立零售商、超市和百货店。国内外产品的"相似性"是反倾销调查的一个重要基础，若能成功抗辩于此，反倾销调查就无以为继。

（二）调查过程概述

面对欧盟的立案，广西陶瓷企业 A 经过反复考量决定积极应诉。2012年2月16日，广西陶瓷企业 A 组织开会，传达了轻工协会正式收到欧盟反倾销立案通知，调查期为 2011 年 1 月 1 日至 2011 年 12 月 31 日。在企业总裁的领导下，广西陶瓷企业 A 从各分公司抽调近百人，成立由董事长为组长、总裁为副组长的应对欧盟反倾销工作领导小组，广西陶瓷企业 A 成立反倾销机构小组（简称 FQX 小组），下设办公室和法律业务、国际业务、公关业务和后勤综合业务工作小组。

由于在前两次反倾销的预准备过程中，广西陶瓷企业 A 已认识到应诉反倾销是一项专业性、系统性非常强的工作，单靠企业自身力量很难胜诉。因此，在公司应对反倾销工作领导小组成立后，便着手联系聘请专业律师事务所协助企业开展应诉工作。经综合考虑，最终聘请了曾在 2006 年 3 月和 2010 年 7 月的应诉预准备工作中为广西陶瓷企业 A 提供过法律服务的某城律师事务所，为公司本次应对反倾销调查提供法律服务。

FQX 小组成立后，迅速根据所掌握的欧盟反倾销法律知识，确立了公司应诉工作目标：一是尽力争取市场经济地位待遇；二是积极配合做好行业无损害抗辩工作；三是坚持做好幅度抗辩，争取实现最低单独税率。

2012 年 7 月 2 日，按要求整理、填报各种问卷材料，并提交完毕第一阶段的资料。申请表内容包含欧盟和非欧盟直销、内销、中间商的报关单件数、报关总净重、报关总金额等材料。

根据欧盟规定的时间表，该企业在律师指导下系统开展应诉工作。公司按要求准确填写和提交了调查问卷。根据欧盟反倾销法律规定，企业需要填写和提交抽样调查问卷、反倾销调查问卷等大量的问卷，每一份问卷都需要提供大量的证据支持。如企业申请市场经济地位，还须填写和提交市场经济地位问卷。其中，提交抽样调查问卷是表明企业愿意作为合作企业配合欧盟开展反倾销调查，从而享受行业平均优惠税率的条件，这也是企业成为被抽样调查企业和获得单独税率的前提。因此，公司严格按照欧盟规定的 15 天时间要求，准确填写和提交抽样调查问卷。

2012 年 2 月 22 日，玉林市相关涉案企业通过召开会议一致同意应对反倾销调查。一是广西陶瓷企业 A、广西某田瓷业、北流某公司（在珠海出口）为全国 5 家被调查企业中的 3 家，这 3 家企业聘请律师独立应诉；二是涉案的广西其他 24 家企业在广西陶瓷行业协会的协调下集体应对反倾销调查，由广西陶瓷行业协会聘请北京某律师事务所代为应诉，产生的应诉费用由企业自行解决。在应诉工作中，律师多次赶赴北流相关企业现场指导培训做应诉准备工作，并由中国轻工工艺品进出口商会牵头组织相关企业到欧盟各国游说，成功地说服欧盟委员会（以下简称"欧委会"）将替代国由起诉方主张的俄罗斯变更为巴西，这对最终税率的大幅下调起到了关键作用。

反倾销调查问卷是确定企业倾销幅度的依据，更是欧盟反倾销应诉工作的重中之重。为填写好反倾销调查问卷，广西陶瓷企业 A 组织专业财务人员对公司销售和成本进行了全面梳理、分解，整理出反倾销调查问卷所需要的全部数据，并在律师指导下准确填写问卷。在确定市场经济地位方面，广西陶瓷企业 A 通过律师获知，近几年很少有中国企业获得市场经济地位待遇，但考虑到如果企业获得市场经济待遇，即可拿国内企业可比价格来确定企业出口至欧盟的产品是否存在倾销和倾销幅度，这样企业往往可以掌握主动权。同时考虑到广西陶瓷企业 A 在行业中的地位和责任，公司最终决定，不管结果如何，不管费用高低，都要向欧盟提出市场经济地位申请。为此，广西陶瓷企业 A 按照欧盟法律规定，填写了市场经济地位问卷，并相应准备了大量的历史沿革、财务会计等方面的资料。

2012年7月3日，广西陶瓷企业A接到通知，欧盟调查组计划于7月28日至8月6日到现场进行调查。工作组接受了欧盟官员的实地核查，并积极准备。在核查前，为配合欧盟官员顺利完成实地核查，广西陶瓷企业A在律师指导下对欧盟官员需要核查的问题进行了逐项分析，确立了核查重点，并准备相关资料。2012年7月30日至8月3日，欧盟官员到广西陶瓷企业A开展实地核查。在核查中，广西陶瓷企业A有礼有节接待核查官员，对核查官员要求提供的资料都做到及时、准确、完整地提供，对核查官员要求回答和解释的问题都由相应的专业人员做出了回答和解释。核查结束后，欧盟官员对广西陶瓷企业A在核查中的合作表示了高度赞赏，在此过程中，双方进行了整整7天7夜的激烈辩论。

（三）调查重点

1. 市场经济待遇（MET）

按照欧盟《反倾销基本法》第2条第7款（C）项，中国企业必须同时满足以下5条标准才能获得MET：①商业决策没有明显受国家干预和成本反映市场价值，②有一套按国际通用准则建立的会计账簿，③未受先前非市场经济体系的显著影响，④破产法和财产法保证法律的确定性，⑤货币汇率变化由市场决定。同时，欧盟还要求，申请MET的企业还应当详细披露其涉及生产或销售被调查产品的关联企业（即涉案关联企业）。

此次反倾销调查，有近400家中国出口企业应诉，即提交抽样信息表，在当时来说，是欧盟反倾销案件应诉企业最多的一个案件。最后只有5家企业（包括其关联企业）被抽样调查。有11家企业同时申请了MET和IT（个别待遇），其中只有3家是抽样企业，其余8家为非抽样企业（有1家企业最后撤回了MET申请），这8家企业属于自愿应诉企业。另外，有2家抽样企业和4家非抽样企业单独申请了个别待遇。就本案来说，自愿应诉企业的大量涌现，反映了中国出口企业在反倾销调查案件已逐步采取积极抗辩态度，而不是消极被动。

在本案中，欧盟经过调查认为10家申请MET的应诉企业均未能证明其会计账簿按国际通用准则审计，7家企业未能证明未受先前非市场经济体系的显著影响，3家企业未能证明商业决策没有明显受国家干预和成本反映市场价值，据此10家企业均未能获得MET。由此可见，在《中华人民共和国加入世界贸易组织议定书》第十五条确定的15年过渡期（2016年）之前，中国企业申请MET很难，难以确定市场经济地位仍将是困扰中国企业成功应诉反倾销调查的首要问题。

在本案中，有1家申请MET的企业因提供的关联企业信息有误及不完整，欧盟认定其不配合，将其从合作企业的名单中移除。这将意味着该企业无法获得赋予合作企业的加权平均税率，而直接适用惩罚性关税。纵观欧盟以前的反倾销案件，因申请MET提供信息不完整而导致被视为不配合是较为少见的。该案透露的另一个强烈信号：对于申请MET的应诉企业，其提供的关联企业信息必须完整真实，否则可能招致更严重的处罚风险。

①调查概要。

初裁披露后，1家出口生产商、1家欧盟生产商及1家进口商声称欧委会超时作出关于市场经济地位待遇裁决，即晚于欧盟《反倾销基本法》第二条第（7）款（c）项规定的28个星期期限，因此，应当在不施加任何反倾销措施的情况下终止反倾销调查。这点有关市场经济地位待遇裁决的申诉在初裁阶段已经提出，且欧委会已经在初裁裁决中驳回该申诉。初裁披露后，另外5家出口生产商提出了相同的诉求，并以欧洲法院在宝舒曼和奥康皮鞋一案的裁决作为诉求基础。

首先，欧委会认为，宝舒曼和奥康皮鞋一案和本案市场经济地位分析的合法性无关，而且宝舒曼和奥康皮鞋一案完全没有开展市场经济地位待遇的评估。

此外，由于欧盟反倾销基本条例已经修改，宝舒曼和奥康皮鞋一案与评估本案调查的合法性无关。根据修改后的欧盟《反倾销基本法》第二条第（7）款，欧委会应仅对根据《反倾销基本法》第十七条包含在抽样中的公司做出市场经济地位待遇裁决，作出裁决的期限为7个月，最长不超过调查发起之后的8个月，且该规定适用于所有在2012年12月15日之后新发起或未决的调查，本案调查也在适用范围内。

无论在何种情况下，都不应当这样解读案例法，即尽管超过规定的3个月期限，但这不能看作是对权利的侵害。因此，维持初裁裁决。

由于要对相当多的市场经济地位申请作出裁决，且当时需要针对诸多申请开展实地核查，欧委会关于市场经济地位待遇的裁决并未在7个月内作出。然而，市场经济地位裁决却正如欧盟第1168/2012号法规对欧盟《反倾销基本法》进行的修改那样，在调查发起后8个月内作出。如前所述，任何声称按照追溯原则涉及市场经济地位申请的权利被剥夺的说法都是不正当的。

因此，声称因欧委会未在3个月内作出反倾销裁决，应当在不实施任何反倾销措施的情况下终止反倾销调查的诉求被驳回。

此外，1家非抽样出口生产商声称，未能表明其有一套符合国际会计标准的独立审计的会计记录导致其市场经济地位待遇申请被驳回的做法，违反了适当性原则，并坚称即使存在拒绝其市场经济地位待遇申请的会计错误，该错误也是微小的，并不是重大错误。在终裁披露后，该出口生产商继续做出此种声明，但并未提出任何新的论据。

其有关会计记录错误的严重性的论据基本和其在市场经济地位待遇调查中作出的陈述相同，且在欧委会作出市场经济地位待遇裁决之前就已经被驳回。然而，对该出口生产商声称欧委会拒绝准予市场经济地位待遇的做法违反了适当性原则的说法，需要注意的是，欧盟《反倾销基本法》第二条第（7）款（c）项关于市场经济地位待遇标准是一揽子的，除非完全满足，否则将不能获得市场经济地位待遇。此外，鉴于证明满足市场经济地位待遇标准的举证责任在该出口生产商，且该出口生产商未能证明其有一套清晰的会计体系，欧委会只能拒绝其市场经济地位申请。因此，不能认定拒绝市场经济地位待遇的裁决违反了适当性原则。无论如何，根据经欧盟第1168/2012号法规修改的欧盟《反倾销基本法》第二条第（7）款（d）项，欧委会通过抽样限制其审查范围之后，仅需对抽样企业作出市场经济地位裁决。

②调查机关调查情况和结论。

广西陶瓷企业 A 并未表明其满足标准①、②和③，因此其及其关联公司不能被授予市场经济地位。

2. 倾销幅度

①调查概要。

根据欧盟《反倾销基本法》第二条第（11）款和第（12）款，获得单独税率地位出口生产商的倾销幅度应当是在比较经过调整的、为替代国确定的加权平均正常价值，和经过调查的每个公司的加权平均出口价值，并以未缴税的 CIF（成本加保险费加运费）欧盟边境价格的百分比来表示。

抽样出口生产商的倾销幅度的加权平均值被用来表示非抽样企业的倾销幅度。在此基础上，非抽样出口生产商的临时倾销幅度，以未缴税的 CIF 欧盟边境价格的百分比来表示为26.6%。

为给未合作和未知的中国出口生产商计算全国统一倾销幅度，通过比较合作出口生产商提交的出口量和相同的欧盟数据库数据来首次确定合作水平。

在本案调查中，合作程度被认为较高，是因为在一个比较分散的产业中，提供合作的出口生产商的出口量占据超过中国出口欧盟总量的60%。因此，为所有其他出口生产商确定的全国统一税率是使用给抽样出口商的代表产品类型和销售量的最高倾销幅度的加权平均值。

②调查机关调查情况和结论。

在此基础上，初裁确定的，以未缴税欧盟边境 CIF 价格百分比表述的倾销幅度见表4。

表4　初裁未缴税欧盟边境 CIF 价格百分比表述的倾销幅度

公司	初裁倾销税率
湖南华联瓷业有限公司（Hunan Hualian Ebillion Industry Co., Ltd）；湖南醴陵红官窑瓷业有限公司；Hunan Hualian Yuxiang China Industry Co., Ltd	26.8 %
广西三环企业集团股份有限公司	31.2 %
CHL 瓷业有限公司	30.0 %
山东淄博永华陶瓷有限公司；淄博华通陶瓷有限公司；山东银凤股份有限公司；Niceton Ceramics (Linyi) Co., Ltd；Linyi Jingshi Ceramics Co., Ltd	17.6 %
广西北流市老田瓷业有限责任公司	23.0 %
非抽样合作出口商	26.6 %
全国倾销幅度	58.8 %

3. 单独税率

①调查概要。

尽管16家出口生产商申请了单独税率待遇，但根据欧盟《反倾销基本法》第九条第（6）款，欧委会仅对5家抽样企业的申请进行了审查，并准予其申请。剩下的11家出口生产商中，7家申请单独审查。

根据欧盟《反倾销基本法》第九条第（5）款、第九条第（6）款和第十七条第（3）款，应当为获得单独审查地位的出口商或生产商的欧盟进口适用单独税率。因此，4家申请单独税率待遇并未申请单独审查的企业不能获得单独税率。

1家出口生产商声称，其按时提交了所有要求的信息，因此，根据欧盟法院在宝舒曼一案中的裁决，欧委会应当审查其单独税率待遇申请并为其确定单独税率。

②调查机关调查情况和结论。

该诉求被驳回。鉴于该公司不属于抽样企业，其有关单独税率的申请，根据欧盟《反倾销基本法》第十七条第（3）款，只有在申请单独审查的背景下才能被审查。

综上所述，因不存在其他有关单独税率裁决的评论，维持初裁裁决。

4. 单独审查

①调查概要。

参与应诉的出口生产商根据欧盟《反倾销基本法》申请单独审查。根据初裁裁决，欧委会在初裁阶段并未对这些诉求作出裁决。

2012年12月21日，欧委会通知上述出口生产商称，鉴于审查他们的单独审查申请将给欧委会带来不必要的负担，且将阻碍调查按时完成，欧委会将不再接受这些企业的单独审查申请。

1家出口生产商声称，根据欧盟《反倾销基本法》第十七条第（3）款，申请单独审查是一项法定权利，欧委会拒绝其单独审查申请的做法是不合法的，且根据欧委会的资源，申请单独审查的公司的数量既不会给其带来不适当的负担，也不会阻碍调查按时完成。终裁披露后，该出口生产商再次重申其观点，但并未提出新的论据。

②调查机关调查情况和结论。

欧委会决定是否接受非抽样企业单独审查的申请根据不同的案件而不同，需要考虑申请单独审查的企业数量和评价这些申请所需要的时间。在本案中，欧委会的法定义务是对16家中国法律实体的市场经济地位待遇申请进行审查，这其中包含抽样企业和非抽样企业。考虑到法律程序有时间期限的要求，初裁裁决之前欧委会没有时间开展单独审查。而在初裁裁决之后，时间限制和需要考虑的评论的数量以及欧委会参与的反倾销调查的人力资源有限，欧委会认定，在本案中开展非抽样企业的单独审查将给其带来不必要的负担。

5. 正常价值

（1）替代国的选择

①调查概要。

在施加反倾销初裁措施之后，欧委会进一步审查替代国的适当性。根据欧盟《反倾销基本法》第八十七条，欧委会对1家提交答卷的泰国出口生产商开展了现场核查。在对该泰国生产商提交的信息进行审查和现场核查后，欧委会认定该泰国生产商提交的有关其在国内市场销售的产品类型的细节并不足够充分。因此，欧委会认定巴西应当保留作为最适当的替代国。

然而，欧委会从泰国生产商处获得的信息将被用来支持其有关巴西作出的结论，尤其是名牌产品和非名牌产品在价格方面的差异。

初裁披露后，1家行业协会对巴西作为替代国的适当性提出质疑。该协会重点强调，欧委会选择巴西作为替代国的原因是其他任何国家都不适当，该协会认为这一点不能被接受。根据初裁裁决，认定巴西可以作为适当的第三国是因为其国内市场的事实情况，欧委会在初裁裁决之后继续考察其他国家作为替代国的适当性的事实后并不能得出这样的结论，即巴西并非最适当的选择。

②调查机关调查情况和结论。

上述关于选择巴西作为适当第三国的评论不存在，维持初裁裁决。

（2）正常价值裁决

①调查概要。

初裁披露之后，一些利害关系方声称，欧委会有关正常价值的裁决存在缺陷，因为其正常价格的确定并非基于巴西销售同类产品的价格，导致正常价格存在扭曲和不公正，尤其体现在巴西不生产和销售的石瓷产品和其他产品类型上。一些出口生产商同时声称，初裁裁决有关确定正常价格的方法并未进行适当披露。

根据欧委会收到的初裁评论，确定正常价值的方法对于一些利害关系方来说并非完全清楚。为回答这些质疑，下文将对欧委会确定正常价值的方法进行进一步解释。

鉴于欧委会否决了所有市场经济地位待遇申请，根据欧盟《反倾销基本法》第二条第（7）款（a）项，中国所有抽样出口生产商的正常价格都将根据从替代国生产商处获得的信息确定。

根据欧盟《反倾销基本法》第二条第（2）款，欧委会首先审查了巴西国内对独立客户销售同类产品的销售量是否具有代表性。巴西合作生产商的同类产品国内市场销售量和抽样企业对欧盟出口涉案产品的出口量相比，是具有代表性的销量。有关这点，需要明确的是，根据欧盟《反倾销基本法》第1条第（4）款，"同类产品"指的是和被调查产品相同，即在所有方面均相同；或者在不存在这样的产品的情况下，另外一种产品尽管并非在所有方面完全相同，但拥有和被调查产品非常相似的特征。

欧委会随后根据欧盟《反倾销基本法》第二条第（4）款，审查了这些销售能否被认定为在正常贸易程序中发生。有关这点，欧委会通过确定向独立客户进行营利销售的比例来判断。销售是否营利是通过比较单价是否和产品生产成本相等或高于生产成本。欧委会确定了巴西合作生产商的生产成本。

欧委会审查发现，巴西所有类型产品的80%以上的国内销售都以高于成本价格销售，且所有类型产品售价的加权平均价格等于或者高于产品的生产成本价格。

②调查机关调查情况和结论。

每种类型产品的正常价格是按照所有国内销售价格的加权平均价格计算得出，无论这些销售是否盈利。因此，和初裁裁决相左，欧委会并未给出非盈利销售确定结构正常价格。

（3）价格比较

①调查概要。

初裁披露后，一些利害关系方声称，用于比较正常价格和出口价格的方法存在缺陷，这是因为欧委会没有对同类产品进行比较，且没有对进行调整的基础作出充分解释。更明确的是，1家出口生产商声称，鉴于替代国没有石瓷产品的生产和销售，欧委会本应当将出口价格和经过适当调整的陶器内销价格进行比较，而不是将出口价格和结构正常价格比较。此外，一些出口生产商声称，对一些出口生产商生产和销售的其他类型的产品来说，仅按照所使用的陶瓷材料将出口价格和巴西普通类型的陶瓷每千克的平均价格进行比较的做法，不可避免地导致在不相似的产品之间进行价格比较产生结果偏差。此外，1家出口生产商声称，欧委会根据欧盟《反倾销基本法》第二条第（10）款（k）项进行的品牌调整幅度较低，而另外1家出口生产商声称，欧委会进行的调整并未给予任何可靠或经证实的数据，是不合法的。同1家出口商声称，应当根据其在不同贸易水平的不同销售量对其出口价格进行调整。最后，一些利害关系方声称，欧委会用于调整物理特征差异的方法不清楚，且作为该调整对象的数据不明确。

欧委会在审查质疑后，根据欧盟《反倾销基本法》第二条第（10）款，对其价格比较的方法和出于提高价格可比性目的进行价格调整的方法做出了修正。最明显的是，将初裁阶段采用的仅根据陶瓷材料相同就以一种普通产品的每千克平均价格为基础进行比较的方法，改变为在最相似的产品之间进行比较，这将使得比较结果更加准确和公平。

正常价值和出口价格是在出厂基础上进行的比较。倾销幅度是通过比较抽样生产商单个的出厂价格和替代国生产商同类产品内销价格得出。然而，对于某些涉案交易来说，一些不典型的涉案产品，如纸巾环、刀架或杯子垫，不可能保证进行公平的比较。同时，考虑到这些交易在整个出口量中所占比例可忽略，即低于0.5%，欧委会将这些涉案交易排除在外。

根据欧盟《反倾销基本法》第二条第（10）款，为保证能够在正常价值和出口价格之间进行公平比较，欧委会对影响价格和价格可比性的差异进行了适当的调整，对物理特征差异、贸易水平及其他影响价格可比性的因素（尤其是品牌）进行了调整。

首先，根据欧盟《反倾销基本法》第二条第（10）款（a）项，欧委会审查了对物理特征差异进行调整的必要性。

在为最相似的产品确定正常价值时，欧委会对这些产品物理特征的差异进行了调整，以确保相似产品之间进行公正的价格比较。

涉及石瓷产品时，欧委会将石瓷产品的出口价格和替代国生产和销售的最相似的产品的内销价格进行比较，即和替代国的陶瓷内销价格进行比较。该陶瓷和石瓷在绝大部分方面都相同，欧委会仅将陶瓷产品的出口价格上调5%以反映石瓷和陶瓷之间的价格差异。

1家出口生产商声称，陶瓷产品的生产成本和零售价格都高于石瓷产品。因此，欧委会应当将该出口商的石瓷产品出口价格下调，而不是上调。为支持其观点，该出口生产商主要提供了其估计的陶瓷和石瓷的生产成本及两者的价格表的节选。

上述信息是在本案程序的后期提出，即在终裁披露后提出，且和欧委会在整个调查过程中从其他利害关系方（即申诉方、欧盟产业和替代国生产商）处收到的信息相反。多方表明，石瓷具有更高的质量，即比陶瓷更加耐用，且由于石瓷是高温烧制黏土制成，而陶瓷是低温烧制黏土制成，前者比后者生产成本更高。因此，石瓷的销售价格更高。这也符合市场民众的观点。

需要进一步明确的是，该出口生产商本身并不生产陶瓷，其提供的陶瓷生产成本仅是一种估计。此外，从出口生产商提供的价格表并不能直接得出陶瓷产品的价格比石瓷产品要高。因此，欧委会认定，该出口生产商提交的证据不能显示欧委会对正常价值和石瓷产品的出口价格进行公平比较所做的调整存在缺陷。因此，其申诉被驳回。

而对于那些在初裁阶段仅使用陶瓷材料的平均每千克价格进行价

格比较的其他类型产品，欧委会进一步对涉案产品进行分析，并将其出口价格和替代国生产和销售的最相似产品的销售价格进行比较。在只有一小处外观差异的情况下，即釉彩或图案类型不同，而产品所有其他基本特征都相同，欧委会对外观的差异进行了价格调整。对其他存在多个产品外观差异的产品类型，欧委会将其出口价格和最相似产品的平均销售价格进行了比较。对于这些类型的产品，最相似的产品之间有如下一种或多种基本外观特征：陶瓷材料、器皿类型、基本形状、图案和釉彩。

两家抽样出口生产商声称，和欧委会在其他案件中对仅存的一种微小外观差异进行调整相似，欧委会应当对最相似产品之间的多个差异分别进行调整。

欧委会认为，在仅存一种微小的外观差异的情况下，根据差异造成的实际价格差异，已对相似产品的销售价格进行了调整；另一方面，在存在多处外观差异的情况下，欧委会将相同外观特征的平均销售价格和涉案产品的出口价格进行比较。因此，在后一种情况下，由于相似产品之间存在相同的基本物理特征，无需对相似产品和涉案产品之间的所有外观差异进行一一调整。因此，上述申诉被驳回。

上文提及的1家出口生产商同时提出，应当根据涉案产品的重量及亮白程度造成的外观特征的差异进行额外的调整。该出口生产商声称，其使用的原材料质量低，会造成其生产的涉案产品的价格低于替代国生产商生产的同类产品。该出口生产商要求欧委会对其出口价格进行适当的调整。对于这点，欧委会首先注意到，该出口生产商并未获得市场经济地位待遇，因此其生产成本并未经核实。此外，该出口生产商声称其产品比标准陶瓷产品的重量约重5%的观点并未经证实，也并未提供任何支持性的文件，故判定为未经证实的观点。对于涉案产品的亮白程度，在该出口生产商提交的答卷中，该出口生产商表明其产品具有正常的亮白程度，这使得其要求对亮白程度的差异进行调整的观点没有依据。因此，其申述被驳回。

另外1家出口生产商声称，欧委会未能就其出口销售价格和最适当的相似产品的正常价格进行比较。这些出口主要涉及通过1家非关联贸易商的彩瓷销售，且据称该非关联贸易商为产品免费上色。因此，该产品的出口价格并未包含上色的成本，其出口价格应当与未上色产品的价值进行比较，或者其出口价格应当与上色产品和非上色产品的平均正常价格进行比较。

欧委会注意到，生产成本和价格可比性没有关系，价格比较仅是同类产品正常价值和出口价格之间的比较。根据提交的信息可以清楚看出，上述涉案出口产品确实经过上色，尽管该出口商并未负担上色产生的额外费用。然而，这不是一个能够影响对替代国同类产品外观差异进行价格调整合法性的因素。无论是何种情况，考虑到该出口商提出上述主张的时间是在本案程序的后期，且其提交的支持数据无法得到核实。因此，该申诉被驳回。

鉴于中国和巴西生产和销售的陶瓷餐具进行套件组合存在广泛的可能性，为进行公平价格比较，欧委会认为有必要根据套件中的餐具数量和类型进行分组。因此，欧委会将替代国国内不同组合套件的平均内销价格和那些组合的出口价格进行了比较。

1家出口生产商声称，鉴于能够组成一套餐具的产品进行组合的多样性，欧委会采用的分组方法不能保证价格公平比较，因为该方法忽略了组成套件的每个产品的特征。因此，该出口生产商声称，应当将套件陶瓷排除出倾销幅度的计算。

欧委会表示，其为套件进行的倾销计算是基于对平均每千克价格的比较，而不是以单件为基础进行价格比较。因此，没有必要确定每个套件中不同单件的确切组合，从而保证套件进行了公平的价格比较。欧委会采用的套件方法，考虑了不同套件组合的基本特征，能够从如下几个方面对套件进行识别：咖啡和（或）茶套件、餐具套装或其他套装。同时也考虑了不同套件中餐具的个数。在这些情况下，欧委会认定，对这些套件已经进行了欧盟《反倾销基本法》第二条第（10）款规定的公平比较。因此，上述出口生产商的申诉被驳回。

此外，根据初裁裁决，欧委会调查认定，中国出口生产商一般将其产品按照价格的明显差异，划分为 A 至 E 的 5 个等级。其中对欧盟的大部分出口是 A、B、C 3 个等级，或这 3 个等级的组合。然而，这种等级划分方法并不具有统一性，且不同的行业标准还允许价格存在差异。另外，替代国生产商在巴西国内市场仅生产相当于 A 级的产品，因此价格可比性受到影响。为此，欧委会将中国出口生产商的价格上调至 A 级产品的出口价格，继而和替代国生产商在巴西国内市场的内销价格进行比较。欧委会针对不同的抽样出口商，在适当的情况下，根据不同等级产品之间的已证实的差异，进行了上述水平的调整。

终裁披露后，1 家抽样出口生产商提出主张称，其部分出口销售是通过 1 家非关联贸易商进行的，其中的出口产品包括 A 级和 B 级产品，因此欧委会应当将所有产品的价格调整至 A 级水平。该出口商声称，上述情况造成高达 25% 的价格差异，并同时提供了发票复印件和价格表作为支持性证据。

然而，欧委会认定，该出口生产商在整个调查过程中，包括核查过程中和欧委会发布初裁披露之后都未提供上述信息。相反，在整个调查过程中，该生产商表明其仅出口 A 级产品。尽管在调查问卷中要求提供完整的价格表，以量化不同等级之间的价格差异，但该出口生产商并未满足欧委会的要求，仅提供有限的价格表。在这种情况下，考虑到上述信息是在本案调查的后期提出，其可信度受到质疑，且无法证实。因此，该申诉被驳回。

其次，如初裁裁决所述，根据欧盟《反倾销基本法》第二条第（10）款（a）项，欧委会对是否需要对贸易水平进行调整进行了审查。

欧委会审查发现，出口价格和正常机制处于不同的贸易水平，即中国出口生产商的贸易水平基本是批发水平，而替代国同时也在以零售的贸易水平进行内销。欧委会调查进一步发现，在出口市场和替代国内销市场同时也存在影响价格水平的销售渠道差异，继而影响了出口价格和正常价值之间的价格可比性。因此，为在出口价格和正常价值之间进行公平的价格比较，欧委会以产品为基础确定了正常价值，并使用替代国的不同贸易水平之间的价格差异对贸易水平进行了调整。需要注意的是，在适当的情况下，欧委会基于每种贸易水平销售量的不同造成的价格差异，对贸易水平进行了进一步的调整。这种进一步的调整被认为合理，这是因为初裁阶段的调查表明，由于大部分的出口销售量都比较大，而大部分国内的销售量都相对较小，这导致同一贸易水平存在价格差异。然而，欧委会进一步的调查及经过对替代国内销售情况进行更加详细的分析后发现，与初裁裁决的结论相反，替代国少量销售和大量销售的比例与中国出口商少量销售和大量销售的比例相同。因此，欧委会认为，此种调整不再适当。

再次，欧委会在初裁裁决认定，巴西国内生产商在国内市场仅销售名牌产品，而中国出口生产商并不出口名牌产品，即出口自有品牌或普通的陶瓷餐具和厨具。客户通常将名牌产品理解为具有较高的质量和良好的设计而导致市场价格高的产品；而普通和（或）私人品牌的产品，尽管和名牌产品有着相同的外观和技术特征，其销售价格往往较低。鉴于名牌产品的额外价值一般不能抽象量化，且不同品牌的名牌产品的额外价值不同，受不同因素的影响，如客户看法、产品知名度和其他不能量化的原因。在本案中，巴西生产商证实，相对于其他非名牌产品而言，名牌产品在巴西国内市场的销售价格要明显高很多。此外，一份有关巴西陶瓷餐具和厨具市场的报告表明，巴西客户深受品牌导向，且巴西替代国生产商是一家历史悠久的名牌产品生产商。鉴于上述因素，欧委会根据欧盟《反倾销基本法》第二条第（10）款第（k）项，将作为正常价值的巴西国内销售价格下调了40%。

涉及上述对正常价值的调整，2家出口生产商对欧盟作出调整的依据和调整的水平提出质疑。然而，不存在争议的是，名牌产品的销售价格要高于相同的非名牌产品，这就使得价格可比性受到影响。此外，除了替代国生产商提供的信息，欧委会从泰国合作生产商获得的确切且经证实的数据，以及初裁披露后从1家欧盟生产商获得的数据都确认了欧委会对正常价值作出调整的水平的适当性。特别是因泰国只有一些著名的历史悠久陶瓷餐具和品牌存在，泰国陶瓷餐具和厨具市场的行情和巴西具有相当的可比性。因此，相关申诉被驳回。

终裁披露后，出口生产商对此种调整不再反对，但是有1家申诉方联合会声称，欧委会进行的品牌调整幅度过高，尤其对于那些非瓷质产品。为支撑其申诉，申诉方引用了一些欧盟生产商提供的价格表和信息。

②调查机关调查情况和结论。

欧委会认定，申诉方提交的信息确认了欧盟的如下裁决：在任何市场，名牌产生的附加价值都具有公司（品牌）特定性，而申诉方提交的信息并没有对欧委会对替代国生产商在巴西国内市场销售的名牌产品作出的调整水平提出质疑，而仅对涉及欧盟产业的情况提出质疑。由于欧盟生产商数量众多，欧盟市场存在广泛的地域性差异，且名牌导向情况复杂，中国进口产品在欧盟占据的市场份额较高，这导致欧盟市场的情况和巴西存在较大的区别。因此，欧委会将不接受申诉方的诉求。

如初裁裁决所述，欧委会在适当的情况下，对可能影响价格可比性的因素如交通费、保险费、手续费、包装费、信用损失费、银行手续费及佣金进行了进一步调整。

四、案件裁定

2012年11月15日，欧盟发布公告决定对原产于中国的陶瓷餐具和厨具征收临时反倾销税，税率为17.6%~58.8%，实施期限为6个月。其中，广西陶瓷企业A获得单独税率31.2%，是国内5家抽样企业中税率最高的，应诉工作遇挫，陷入僵局。抱团应诉的广西24家企业获得加权平均税率26.6%。具体税率信息见表5。

表5　欧盟对原产于中国的陶瓷餐具征收的临时反倾销税率

公司名	税率	欧盟海关税则附加码
湖南华联瓷业有限公司（Hunan Hualian Ebillion Industry Co., Ltd）；湖南醴陵红官窑瓷业有限公司；Hunan Hualian Yuxiang China Industry Co., Ltd	26.8%	349
广西三环企业集团股份有限公司和广西天吉信达进出口有限公司	31.2%	350
珠海市晨立进出口有限公司和 CHL 瓷业有限公司	30.0%	351
山东淄博永华陶瓷有限公司；淄博华通陶瓷有限公司；山东银凤股份有限公司和香港的关联公司；Niceton Ceramics (Linyi) Co., Ltd；Linyi Jingshi Ceramics Co., Ltd	17.6%	352
广西北流市老田瓷业有限责任公司	23.0%	353
所有其他公司	58.8%	999

五、案件抗辩

（一）抗辩过程

2012年2月17日，获悉本次欧盟反倾销的行业无损害抗辩的应诉组织工作由中国轻工工艺品进出口商会负责后，广西陶瓷企业 A 立即与商会相关人员联系，并派遣公司常务副总裁参加了商会于2月18日召开的全国应诉协调会。会上，广西陶瓷企业 A 积极响应商会号召，并与各参会企业代表共同选定了律师事务所代表行业进行抗辩，同时承诺按会议决定承担相关费用。面对来自欧盟的压力，不少生产企业纷纷放弃陶瓷产业，另寻出路。部分企业、律师团队和各商会仍在不断争取，以期在终裁中获得更好结果。广西陶瓷企业 A 根据自己掌握的信息并经过认真分析初裁裁决的事实和理由，找出其中的错误和漏洞，形成抗辩意见提交给欧委会。与初裁抗辩一样，广西陶瓷企业 A 的部分意见在终裁裁决中也得到了支持。应诉工作暂告一段落，转入了外交斡旋阶段。2012年6月初，中国轻工工艺品进出口商会牵头组织相关企业到欧盟各国游说，成功地说服欧委会将替代国由起诉方主张的俄罗斯变更为巴西，这对最终税率的大幅下调起到了关键作用。

在本案中，欧盟原先将俄罗斯作为替代国用于确定因中国为非市场经济地位国家的正常价值计算基础。在随后的抗辩中，相关方提出俄罗斯是不合适的替代国，因为俄罗斯市场是专注于用较贵原料制成的装饰用陶瓷，涉案产品的国内产量与国内消费量相比也相对较小。而且，俄罗斯市场是受非关税壁垒保护的。接到抗辩后，欧盟考虑过以泰国、印度、马来西亚、土耳其、巴西、乌克兰、印度尼西亚、埃及、哥伦比亚、韩国、孟加拉国和阿根廷等作为替代国选择。

最后，只有巴西、泰国和俄罗斯的生产商提交了答卷。综合考虑后，欧委会决定采用巴西作为替代国。能够成功抗辩改变替代国，显示了中国应诉企业全方位抗辩策略的成功。毕竟，在欧盟以往对华的反倾销案件中，能够成功说服欧盟改变替代国选择的案例并不多。

另外，广西陶瓷企业 A 派出企业高管参加了商务部、外交部组织到欧盟游说的外交活动，寻找相应的欧盟国家和供应商。通过行业协会层面的无损害抗辩，终于撕开突破口——由于欧洲没有相似产品，日用陶瓷餐具被单独列出，日用陶瓷餐具是唯一不构成所谓"倾销"的日用陶瓷品类。

（二）抗辩结果

经过长达一年的努力，广西陶瓷企业 A 取得了较为完满的结果：

2013年2月7日，欧盟对本案初裁结果进行修正，新增30家中国企业享有26.6%的单独税率。2013年5月13日，欧盟对本案作出反倾销终裁。其中，广西3家抽样企业的税率分别为：广西陶瓷企业A13.1%，比初裁下降18.1个百分点，为全国最低；广西北流市某瓷业有限责任公司22.9%，某立瓷业有限公司23.4%。全国407家企业获得单独税率17.9%，较初裁最高税率58.8%拉低了40.9个百分点；其他涉案企业的税率为36.1%。不仅广西陶瓷企业 A 得益，也最大限度地保住了中国日用陶瓷餐具产品对欧盟市场的出口份额。可以说，正是坚持不懈地开展抗辩，才使广西陶瓷企业 A 获得了相对有利的结果。

六、本案对国内陶瓷业发展的影响

（一）产业对外销量明显下滑

广西陶瓷企业 A 最终获征的反倾销税率从31.2% 逆转成行业最低的13.1%，但负面效应仍挥之不去，2012年在欧盟的销量减幅达13.89%，瓷器收入同比减少3859.63万元，减幅近10%。

从2012年10月广西陶瓷企业 A 被征收超过50% 的临时性关税起，欧盟出口量开始显著下滑，2023年上半年的订单同比仍是大幅下降，虽然7、8月有所恢复，但与往年相比还有一定差距。为期5年的反倾销税率落地，税率虽不算太高，但对欧盟采购商而言都意味着采购成本的增加，有可能导致采购商将订单转移到其他新兴市场。

与根基深厚的广西陶瓷企业 A 相比，受反倾销影响的广西其他众多小型日用陶瓷企业的日子更加艰难。而对一些未应诉的企业而言，对其征收的反倾销税率比平时的税率高出几倍，对外销量猛跌，意味着他们或将失去欧盟市场。

（二）驱劣促良，行业整体质量得到提升

此次反倾销对整个陶瓷行业冲击很大，也加速行业重新洗牌，靠低价量多取胜的小企业面临淘汰，一些高品质、竞争力强的企业将通过加快产品结构调整、提升产品附加值、开拓其他海外市场等途径，在市场洗礼中壮大起来。

从长远来看，欧盟征税对中国陶瓷企业利大于弊。未来5年，可以借助获得全国最低税率的时机，在一定程度上缓解中国日用陶瓷低价竞争的压力，恢复对欧盟的市场份额。同时，随着征收反倾销关税

后行业洗牌加速，产品定位中高端企业的压力减小，同质化的低端产品将面临减产和淘汰，国内陶瓷行业的整体质量水平得到提升。

（三）企业积极应诉的精神鼓舞整个行业

包括广西陶瓷企业 A 在内的数家国内陶瓷企业联手共进，敢于"亮剑"欧盟，纵横捭阖国际市场，赢得业内一片喝彩，为国内企业今后应对对外贸易摩擦提供了宝贵经验，给予了强大的精神鼓舞。

七、案件启示

（一）企业应不惧挑战，积极应诉

此次陶瓷反倾销案例中，广西陶瓷企业 A 不惧艰难和积极应诉的抗争精神最终最大限度地维护了企业的利益，值得国内企业借鉴学习。广西陶瓷企业 A 在初裁和终裁披露出来后，仍坚持不懈地开展抗辩工作。2013年2月25日，欧委会发布终裁披露，广西陶瓷企业 A 的税率获得重大逆转，从2012年底的初裁结果税率31.2%变更为13.1%，这是一个较为理想的结果。其实从一开始，广西陶瓷企业 A 就预料到这次应诉会面临诸多困难，甚至充满艰险，但也正因为有面对挑战的勇气和国内各方支持的底气，广西陶瓷企业 A 才能在与强大的欧盟博弈取得了最终的胜利。

（二）主动寻求政府及行业的支持协助

此次贸易摩擦应诉之所以能取得相对较为理想的结果，除了与各陶瓷企业的努力分不开外，还得益于各级政府及其部门、行业协会的大力支持，比如商务部、中国轻工工艺进出口商会、广西壮族自治区商务厅、玉林市商务局、北流市政府、北流市经贸局等单位及时、准确地将立案信息通知广西陶瓷企业 A，积极动员该公司单独应诉，并密切跟踪案件进展，协调解决企业在应诉过程中遇到的困难和问题。玉林市工商行政管理局、北流市工商行政管理局、北流市国土资源局、北流市房地产管理所等单位在广西陶瓷企业 A 准备应诉材料过程中，也向该公司提供了档案查询、复印等方面的便利、积极配合和支持。可以说，广西陶瓷企业 A 最终取得的低税成果，与上述各部门的支持是分不开的。

反倾销案例结束后，广西陶瓷企业 A 继续主动与政府、商务部门等建立合作。2022 年 5 月 11 日，广西陶瓷贸易救济与产业安全预警工作站授牌仪式在北流陶瓷小镇举行。这是首批 6 家广西贸易救济与产业安全预警工作站单位之一。建立广西贸易救济与产业安全预警工作站是落实商务部办公厅《关于进一步加强贸易摩擦"四体联动"应对工作机制的通知》和《关于健全预警和法律服务体系、开展贸易调整援助工作的通知》要求的一项重要举措，是建立健全贸易救济与产业安全预警体系的重要内容。在应对反倾销和争取法律服务以及企业相关培训工作中，广西陶瓷行业一直得到自治区商务厅和各级管理部门的关心、支持和细心指导。这是广西陶瓷产业不断发展和国际贸易不断扩大的重要保证。广西陶瓷贸易救济与产业安全预警工作站挂牌成立后，广大会员企业将在自治区商务厅和各级管理部门的指导下，扎实开展相关工作。重点是要加快产业转型升级，加大研发投入，提高装备水平，提升产品档次，扩大中高端产品市场占有率，融入国际国内两个市场的"双循环"；强化风险控制，主动应对贸易摩擦，维护企业发展利益；积极拓展国际市场，促进广西陶瓷对外贸易高质量发展。

（三）加强对国际贸易规则的专业学习，避免程序瑕疵

此次陶瓷反倾销案例终裁结果得到最大程度的正向扭转，源于陶瓷企业坚持在抗辩过程中聘用有应诉经验的专业律师团队。专业律师团队在熟稔各类国际贸易规则的基础上，细心分析研究，牢牢抓住欧委会对于贸易条文运用的疏漏，最后才取得较为理想的终裁结果。由此可见熟练掌握国际贸易规则条文的重要性。无论是企业还是律师团队，自身都应加强国际贸易规则的学习，强化法律意识，灵活运用法律条款，从而在各种规则中找到对自身有利的条文，避免程序瑕疵，保护好企业自身的合法利益。

第七章

胶合板出口反倾销案

一、案件简介

进入21世纪以来，越来越多的中国林业企业走出国门去获取原材料，更加积极地参与到激烈的林产品国际贸易竞争中去，我国林产品对外贸易取得了长足发展。我国林产品出口贸易争端案件数量也显著增长。2000年至2006年，全国林产品出口贸易争端28起，平均每年4起。2007年至2012年，全国林产品出口纠纷重要案件50起，平均每年8.3起，其中2010年达11起。在所有对我国发起林产品贸易救济调查的国家和地区中，美国19起居首，其次是印度6起，第三是巴基斯坦4起，居第四的有欧盟、澳大利亚、韩国、阿根廷和土耳其等，均为3起。出口贸易争端中反倾销最常见，全球反倾销案虽逐年减少，但对华反倾销案件数却在不断增加，我国连续多年成为被反倾销立案最多的国家。尽管贸易救济措施初衷是保护国内产业免受进口商品冲击，但滥用该条例已成为当下贸易保护的重要手段，频频引发贸易争端。

据WTO反倾销案件数据库和中国商务部统计，从1995年至2018年，韩国针对全球32个主要贸易伙伴共发起了142起反倾销调查，其中针对中国就发起了34起反倾销调查，占到了其发起的反倾销调查案件总数的23.77%。在对全球32个主要贸易伙伴发起的142起反倾销案件中，韩国对其中的92起案件实施了最终反倾销措施，其中对中国就有25起，占到其实施反倾销措施案件总数的27.17%。从这些数据及占比看，韩国针对中国发起的反倾销无论是立案数量还是案件执行数量，稳居32个国家和地区的首位，中国已经成为韩国发起反倾销的头号目标国。1995年至2018年间，韩国针对中国反倾销调查及实施反倾销措施案件平均每年分别达到了1.41起和1.04起，除了1995年仅为1起以及1998年、2000年和2009年至2011年这5年间没有立案之外，其他年份的立案数均超过了1起，而1997年、2007年、2008年成为立案数量最多的3年，年均超过了5起。

2019年，韩国胶合板协会向韩国贸易委员会提出复审调查申请，韩国企划财政部发布公告决定对原产于中国的胶合板和针叶树材胶合板所适用的反倾销措施进行期终复审调查。

广西作为出口韩国胶合板的主要产地，有3家广西企业参与反倾销单独答卷应诉，争取单独税率。广西横县某木业有限公司等5家广西企业没有机会参与反倾销应诉，缺少争取自身利益的合法渠道。广西林业产业行业协会（以下称"广西林协"）牵头组织了行业无损害抗辩，积极开展应诉工作。[1]

二、案件申请阶段

（一）支持单位情况介绍

韩国贸易委员会（Korea Trade Commission）主要负责韩国进口竞争力政策、贸易倾销损害补救措施，对不公平的国际贸易行为采取行动。

韩国贸易委员会由一名主席和八名委员组成，其中一名指定作为

---

[1] 协会在收到《关于请求支援企业针对〈韩国对华胶合板反倾销调查损害抗辩应诉〉的报告》后，积极应对：一方面以文件形式（桂林产协〔2020〕15号）向自治区商务厅请示；一方面组织企业筹资聘请北京市中某律师事务所提出抗辩意见。

常设委员。委员由总统根据知识经济部的建议任命。

韩国贸易委员会设四个部门：韩国贸易救济政策司、韩国损害调查司、韩国倾销调查司、韩国不公平贸易调查课。

（二）被申请人背景介绍

广西林业产业行业协会（Guangxi Forest Product Trade Association，以下简称"广西林协"）由广西壮族自治区林业局于2002年12月23日牵头正式成立，是以工业原料林、木竹加工、木浆造纸、林产化工、林副产品加工、森林旅游、森林食品、木片、木地板、家具、竹业、林木机械、木材流通、科研、教学、设计等具有独立法人资格的企事业单位自愿结合起来的跨部门、非营利性的自治区级社会团体。广西林协已成立专家咨询委员会、团体标准专业委员会、中纤板和刨花板分会、胶合板分会、细木工板分会、家具家居分会等14个分支机构，目前有500多家会员企业。

广西林协自成立以来，坚持以"忠实维护会员企业合法权益，竭诚为会员企业服务，努力推动全行业的经济发展和技术进步"为宗旨，充分发挥政府与企业间的桥梁与纽带作用，协助行业主管部门做好行业管理工作。维护企业合法权益，引导企业开展贸易摩擦应诉活动，开展行业交流活动，在为企业提供各种信息及技术服务、融资服务、购销服务等方面做了许多工作。

三、案件调查阶段

（一）被调查产品描述

被调查产品名称：胶合板（英文名称是 Plywood）和针叶树材胶

合板（英文名称是 Softwood plywood）。

被调查产品描述：

胶合板是家具常用材料之一，为人造板三大板之一，亦可作为飞机、船舶、火车、汽车、建筑和包装箱等用材。一组单板通常按相邻层木纹方向互相垂直组坯胶合而成，其表板和内层板对称地配置在中心层或板芯的两侧。用涂胶后的单板按木纹方向纵横交错配成的板坯，在加热或不加热的条件下压制而成。层数一般为奇数，少数也有偶数。纵横方向的机械性能差异较小。常用的胶合板类型有三合板、五合板等。胶合板能提高木材利用率，是节约木材的一个主要途径。

针叶树材胶合板是胶合板的一种，产量占世界胶合板产量的三分之二，树种有马尾松、云南松、落叶松、云杉等。产品广泛应用于包装、家具、建筑和其他行业。

（二）调查过程概述

韩国胶合板协会于2019年9月19日对韩国企划财政部第621号（2017年5月8日公布）公告中列明的原产于中国的被调查产品向韩国贸易委员会提出复审调查申请。2019年11月8日，韩国企划财政部发布第2019204号公告和2019205号公告，决定对原产于中国的胶合板和针叶树材胶合板所适用的反倾销措施进行期终复审调查。

本次应诉委托北京市 A 律师事务所及其韩国合作方 Dentons Lee 以及 Lee International Trade Counsel & Advisors 负责本案代理事宜。2020年7月17日，被申请人与北京市 A 律师事务所签订损害抗辩应诉代理合同，即刻投入人力、财力于韩国反倾销答卷准备工作。

北京市 A 律师事务所及其韩国合作方在此前半年时间已开展收集书面材料、采访企业、与协会密切沟通信息、游说调查机关撰写抗辩意见等相关准备工作，最终形成书面文件，并向负责本案调查的韩国贸易委员会提交《关于中国产胶合板反倾销措施期终复审案倾销及产业损害继续再度发生可能性的意见》。

2020年7月，通过韩国代理律师提交抗辩意见后，调查机关对于该意见予以考虑。

2020年7月24日，韩国贸易委员会就中国产胶合板是否对韩国产业造成损害以及反倾销措施是否延期召开利害关系方会议。参会人员除我方人员外，还有韩国国内生产商、韩国进口商、韩国胶合板协会、韩国木材合板流通协会、韩国工业包装协会等代表。我方在利害关系方会议中重申和强调了我方立场，就焦点问题提出主张及反驳意见。

（三）调查重点

1. 关于进口量趋势、进口金额趋势以及国内产业损害指标

被申请方针对申请人主张的申请书中进口量趋势、进口金额趋势，以及韩国国内产业损害指标进行逐一分析。期终复审调查期间，中国产胶合板进口价格符合市场价格变动趋势，不存在抑制国内价格上涨或下降的情况，进口绝对及相对数量也没有急剧增长，因此不符合倾销行为定义的数量激增。而且，韩国国内的产业经济指标分析显示，国内产业的亏损来自自身未努力提高生产力、发展重心在对外投资而非改善国内生产情况、建设行业不景气、原材料及人工成本高等原因，而非来自中国如此少量的进口产品。

2. 关于存在损害再次发生威胁

被申请方针对申请人国内生产商代表及韩国胶合板协会主张的存在损害再次发生威胁利害关系方会议后情况汇报的问题，进行了反驳。

中国国内家具行业内需平稳且保持高水平；近期在中国严格环保政策控制下，也不会出现产能过快增长情况；中国胶合板出口渠道也呈多样化，不会局限于韩国；韩国政府新基建投入政策的利好，未来几年的国内市场将出现巨大需求量。因此，在不实施反倾销措施的情况下，也不会存在中国被调查产品大量出口到韩国，重新或继续造成倾销和损害的可能性。

3. 关于包装板排除问题

被申请方针对韩国工业包装协会提出的包装板排除问题，也强烈表达了应予以排除非局限于包装用途的所有 E2 级产品。

四、案件抗辩

我方在利害关系方会议中重申和强调了我方立场，就焦点问题提出主张及反驳意见，主要抗辩主张如下：

第一，期终复审调查期间，中国产胶合板进口价格符合市场价格变动趋势，进口量急剧减少，不存在倾销行为。

表6所示，调查期内中国产胶合板及针叶树材胶合板进口价格均有升有降，总体与原材料价格走 势高度一致。这反映了胶合板业对于原材料高度依存度的特性。因此，调查期内被调查产品及同类产品的价格波动是反映生产成本变化的正常结果，并非由倾销引起。

表6　中国产胶合板进口价格及原材料价格变化表

胶合板进口价格及原材料价格				
年份	数量（米³）	进口金额（百万韩币）	平均单价（万韩币／米³）	原材料价格（百万韩币）
2016年	234,768	75,185	3203	481,217
2017年	161,044	44,948	2791	406,077
2017年增长率	−31.40%	−40.22%	−12.81%	−15.61%

续表

胶合板进口价格及原材料价格				
年份	数量（米³）	进口金额（百万韩币）	平均单价（万韩币/米³）	原材料价格（百万韩币）
2018年	83,468	27,590	3305	467,017
2018年增长率	−48.17%	−38.62%	18.64%	15.01%
2018年上半年	50,684	16,955	3345	461,878
2019年上半年	28,325	8,625	3045	446,683
2019年上半年增长率	−44.11%	−49.13%	−8.96%	−3.29%
针叶木胶合板进口价格及原材料价格				
年份	数量（米³）	进口金额（百万韩币）	平均单价（万韩币/米³）	原材料价格（百万韩币）
2016年	196,411	64,628	3290	454,666
2017年	128,308	37,959	2958	397,804
2017年增长率	−34.67%	−41.27%	−10.09%	−12.51%
2018年	30,135	11,494	3814	497,068
2018年增长率	−76.51%	−69.72%	28.93%	24.95%
2018年上半年	20,573	7,778	3781	481,717
2019年上半年	11,080	3,974	3587	486,549
2019年上半年增长率	−46.14%	−48.91%	−5.13%	1.00%

数据来源：《期终复审申请书》。

表7所示，调查期内中国产胶合板（含针叶树材胶合板）韩国进口数量急剧减少，市场占有率从2016年约30%下降到10%以内，绝对量与相对量均下降，不符合造成损害的进口量激增的指标要求。

表7 韩国进口数量及市场占有率变化表

年份	总进口量（米³）	越南		中国		马来西亚		其他	
		数量（米³）	市场占有率	数量（米³）	市场占有率	数量（米³）	市场占有率	数量（米³）	市场占有率
2016年	1,483,520	415,346	28.00%	434,059	29.26%	225,692	15.21%	408,423	27.53%

续表

年份	总进口量（米³）	越南		中国		马来西亚		其他	
		数量（米³）	市场占有率	数量（米³）	市场占有率	数量（米³）	市场占有率	数量（米³）	市场占有率
2017年	1,529,980	552,982	36.14%	292,264	19.10%	220,263	14.40%	464,471	30.36%
2017年增长率	3.13%	33.14%	29.09%	−32.67%	−34.71%	−2.41%	−5.37%	13.72%	10.27%
2018年	1,534,498	730,711	47.62%	116,910	7.62%	146,934	9.58%	539,943	35.19%
2018年增长率	0.30%	32.14%	31.75%	−60.00%	−60.12%	−33.29%	−33.49%	16.25%	15.91%
2018年上半年	774,825	352,640	45.51%	72,551	9.36%	88,819	11.46%	260,815	33.66%
2019年上半年	682,977	352,445	51.60%	41,109	6.02%	41,670	6.10%	247,753	36.28%
2019年上半年增长率	−11.85%	−0.06%	13.39%	−43.34%	−35.72%	−53.08%	−46.78%	−5.01%	7.77%

　　第二，韩国国内的产业经济指标分析显示，进口自中国的胶合板产品未对国内产业造成实质性损害，实际上是申请人对自身经营不善导致经营受损的转嫁。自2010年起，对马来西亚胶合板进行反倾销，已持续10年反倾销措施；自2012年起，对中国胶合板提起反倾销调查，2015年又对中国针叶树材胶合板提起反倾销调查，一直持续至今。2019年12月再次向越南胶合板提起反倾销调查申请。在倾销措施保护下，也没能挽回申请人的市场份额。申请人放弃了自身的设备改进、技术提升，不提高自身竞争力，而一味阻挡进口，市场转向哪个国家就利用反倾销调查这个工具来试图维护其在国内的市场。反倾销措施执行至今，申请人依然没有从根本上提高其产品的竞争力。

　　申请人相比国内投资，更注重国外市场的开发与投资。韩国国内生产商선창산업（船舱产业）于2013年10月收购了缅甸最大的胶合板生产企业 MKTI（Myanmar Korea Timber Int'l ltd.）55% 股份，为大

우인터내셔널（大宇国际）及삼익에게（三益）生产胶合板。该公司规模很大，占缅甸胶合板总产量的40%。另外，이건산업（这是产业）于1993年在智利设立 Eagon Lautaro S.A 公司生产胶合板，并持续增设生产设施，年生产规模达24万立方米，是该公司国内生产能力的约1.5倍。

因此，相比海外大规模投资行为，申请人并未努力投入国内造林以及改善国内工厂的设备及技术，反而将其自身在国内竞争力的缺失归咎于国外进口产品，打击进口产品。

第三，中国胶合板生产企业的生产能力、生产量以及中国国内需求处于稳定阶段，即使终止反倾销措施后，中国产胶合板也不存在进一步大量增加韩国出口的可能性，更不可能给韩国国内产业带来损害。

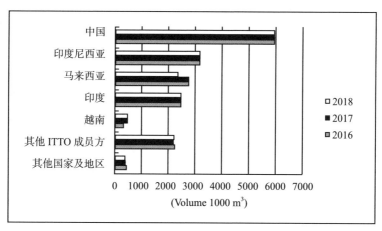

ITTO 世界木材情况双年度评审（2017年至2018年）

根据2018年 ITTO（International Tropical Timber Organization，国际热带木材组织）的双年度审查显示，中国胶合板产量从2016年至2018年一直处于平稳状态，并无明显增减，基本保持在600万米^2/年水平。胶合板业是严重依赖自然资源的行业，考虑到成本问题，中国产胶合板原材料供应也仅限于中国国内。由于自然资源的稀缺性，在短期内不可能出现原料供应大幅增加的情况。

第四，原产于越南及其他东南亚国家的胶合板产品绝对量的增长已成为影响韩国市场的支配因素，不存在中国产胶合板对韩国国内产业造成损害以及构成损害的威胁。主张韩国排除越南产包装用胶合板，中国产胶合板产品也应对等排除。越南作为"韩国FTA（自由贸易协定）"成员国，一直以零关税向韩国出口胶合板产品，直至2020年6月起韩国才对其单独发起反倾销调查而征收税率为10%的临时反倾销税。即便如此，由于越南产品的基础关税是零，而中国产品仍旧存在税率为5%的基础关税，综合比较，越南产品在价格竞争中处于绝对优势。调查期内，马来西亚和中国的出口量及市场份额呈现大幅下降，转为越南成倍增长，已占据韩国一半的进口份额，已然成为影响韩国产业市场的最重要因素。

越南产品的原材料以及人工成本低廉，即使增加了倾销关税产品价格也还低于中国，但其产业发展时间尚短，技术尚不成熟，产品质量远远不及马来西亚和中国的产品。韩国进口商由于反倾销税的阻碍而不得已将订单转到越南的低价低档产品，甚至开发柬埔寨等更不成熟的供应国家，反而拉低了行业的整体质量，实在是得不偿失。在进口是必须的情况下，从中国采购才能促进整个胶合板业的良性竞争，保证产品的品质。

第五，继续采取反倾销措施有损于下游产业的利益，不符合韩国公共利益的需求。如前所述，进口产品是满足下游产业需求的必要补充。如果反倾销措施实施，会导致进口中国产品的韩国经销商承担高额税率，这部分税负会转嫁给下游建筑、装修行业，以及电子零件出口用包装板等终端消费者。鉴于该行业涉及基本民生以及韩国的电子等支柱优势产业，因此该行业的动荡易造成整个社会的不稳定。为不恰当保护某个国内产业而牺牲下游产业利益，不符合公共利益保护的需求，终止对中国被调查产品的反倾销措施，将减轻下游产业承受的负担，有益于下游产业的发展，更符合韩国的公共利益。

基于此，没有充分证据和法律依据证明原产于中国的胶合板产品对韩国国内产业造成实质性损害或构成损害威胁，因此希望韩国贸易委员会及与本调查相关的韩国其他相关机构判定终止对原产于中国的胶合板产品的反倾销措施。

五、案件裁定

2020年8月24日，韩国贸易委员会召开定期会议，对原产于中国的胶合板及针叶树材胶合板所适用的反倾销措施进行期终复审调查结果投票表决。

结果：损害率为阔叶木35.15%、针叶木36.24%。

单独税率方面，阔叶木应诉企业为南宁市金轮木业有限公司（3.98%）、贵港市东海木业有限公司（5.12%），全行业平均税率17.48%；针叶木应诉企业为贵港市金禾木业有限公司（5.33%）、贵港市港南区嘉禾木业有限公司（5.33%）、贵港市东海木业有限公司（5.73%），全行业平均税率7.15%；从低适用各企业倾销税率。

韩国贸易委员会建议征税期为5年，连同最终裁定结果一并报告企划财政部决定。

企划财政部于2020年11月6日发布了执行公告。至此，所有中国胶合板企业出口韩国的产品按照该执行公告进行征税。

六、本案对国内胶合板企业的影响

（一）产业对外销量明显下滑

自2019年11月韩国对我国胶合板产业进行反倾销复审立案后，我国对韩出口胶合板数量直线下降，2019年下半年出口量仅是上半年的46%左右，至2020年上半年出口量还在下降，直到下半年才有所回升。然而，在2020年底韩国正式实行反倾销措施后，我国对韩出口胶合板数量再次下跌，2021年上半年出口量环比下降约57%。韩国是我国胶合板出口的主要国家之一，反倾销措施实施后销量的持续下跌对国内胶合板产业无疑是不小的打击，对于一些只能承受较低生产成本的中小型的胶合板企业来说，此次反倾销导致它们面临减产甚至破产的结局。

（二）有助于国内企业积累应诉经验

虽然本案以有损害结案，但从应诉程序上看，这是我国企业对外应诉中的一次有益尝试。与美国和欧盟等其他国家的贸易救济应对相比，在应对韩国多次对华倾销调查案件中，之前基本还是个别应诉企业通过倾销调查问卷获得单独税率的情况，但很多没有应诉资格的出口企业的利益无法获得保护。韩国的倾销损害调查采用双轨制，行业无损害应诉是反倾销应诉中重要的一环，一旦获得突破，将会让全行业受益。本次无损害抗辩应诉，在应诉程序上来说比较完备，分析了各方提交的证据材料、向应诉企业及行业协会收集了应诉建议、起草了行业无损害抗辩书、参加听证会并发言、与调查机关损害科官员会晤、对韩国进口商等下游产业进行游说等，积累了大量应诉经验。

（三）扩大行业协会的领导力和影响力

广西林业协会组织的本次应诉会鼓舞了企业的出口热情，增强了企业对政府以及协会的信任。虽然本次没有获得无损害结果，但对没有单独应诉资格的出口企业发挥了行业协会的扶持作用，使更多企业加入协会，扩大协会的影响力，团结一致推动全行业的发展。另外，对比共同参与应诉的越南，其税率大于10%，远高于我国5%的税率，这离不开行业协会组织的损害抗辩给韩国调查机关及申请人方面的压力，成功体现了中国企业与协会协同作用的结果。另一方面，本次应诉深度参与必将会对之后的国内行业应诉产生积极的影响，也为日后应诉其他国家的反倾销调查积累宝贵的经验。

七、案件启示

（一）熟悉规则，积极应诉

反倾销是WTO规则允许的救济措施，了解WTO与世界通行规则和发起反倾销调查国相关规定对于争端应诉非常重要。WTO是规范全球贸易的权威机构，制定的多边贸易规则覆盖面广，而且通过多边谈判不断完善，涵盖国际贸易的各个方面。只有随时追踪外贸规则特别是WTO公认规则，才能在遭遇产品贸易纠纷时应用规则、收集证据，通过协商或法律途径保障合法权益。在反倾销案件中，积极应诉意义重大。因为在应对反倾销调查中不存在搭便车情况，不应诉企业将被收取高额反倾销税，很难获得全行业平均税率。而在大多数反倾销案件中，惩罚性反倾销税率可能高达100%~200%，被罚企业将彻底退出出口市场。国内一些企业出于经验缺乏、碍于费用昂贵等原因选择放弃应诉，实际上是放弃市场。因此，国内相关政府部门、行业协会等机构，应积极帮助企业做好应诉准备。重点行业应成立必要的反倾销应诉基金，以支持帮助企业维持海外市场。从2012年以来的韩国反倾销案例看，不应诉的税率一般等于或高于应诉企业最高税率。此税率不仅导致企业失去韩国市场，相对于应诉企业还处于更不利的国内市场竞争地位。

（二）吃透要点，全面谋划

WTO 框架下，韩国实施反倾销必须有据可循，反倾销的实施必须证明倾销事实存在、损害存在和损害与倾销有因果关系等三要件都成立。我方要推翻韩方提供的证据和争端案受理当局的判决，就必须明确掌握案件中韩方的指控要害点，结合韩国贸易救济措施实施规则，有针对性地提供有利证据以否定起诉方的相关指控。聘请对起诉国有应诉经验的律师事务所及其合作方代理应诉，可以减少很多繁杂的工作量和经费，并能应对复杂的局面。在应诉反倾销过程中，需要在一定时限内对企业各项成本进行统计核实，因而企业在日常经营管理中应准确规范核算成本，尤其是人员成本。同时，应注意做好原始财务记录，对各种类型的产品进行详细的分类登记，准确记录原始数据，便于后期搜集和整理。反倾销调查需要协会与韩国及其合作方、调查机关保持紧密、及时、充分的沟通。尤其是在准备答卷和实地核查时，对于问题的理解以及回答的技巧，精准、专业的语言起到关键作用。本次聘请了与韩国打交道多年、能够双语沟通并能提供专业建议的韩国会计师，这在紧张、烦琐的反倾销应诉工作中凸显出绝对优势。

（三）增强意识，优化策略

大多争端案裁决会存在不同程度的不公平现象，只有增强应诉意识和提高应诉能力，完善企业自身的各种信息资料，在应诉时提供翻译准确的语种材料，才能减少失误、避免不公。应诉中会存在部分客观阻碍：一方面涉案企业众多、分布广泛，大、中、小型企业不便联合应诉，易被分开受攻击；另一方面，应诉费用从数十万到几百万美元，加上律师费及相关费用，金额巨大，少数应诉企业实难承担。因此，需要优化应对策略，团结整个行业，让被诉企业和未被诉企业共同参与，请协会协调组织的同时也请专家指导，群策群力、统一行动，提高胜诉概率。实践证明，由政府的林业和商务主管部门指导，协会出面组织行业相关企业积极应对贸易摩擦，这种应对模式既符合国际惯例，又可以调动各方积极性。经过几年的努力和实践，协会在处理贸易摩擦方面积累了丰富的实战经验，为积极应对国际贸易纠纷发挥了突出作用。

（四）准确定位，展望未来

企业被采取反倾销措施的根本原因是倾销，即价格偏低。因此，要避免反倾销指控，根本措施是提高产品技术水平，提高产品质量和附加值，最终提高价格，以质取胜。如此，既能避免贸易摩擦，也能应对人民币升值带来的成本提高等问题，最终提高企业的经济效益。此外，还可以通过出口市场多元化和对外直接投资等方法，规避特定国家的反倾销风险。实施市场多元化，一定要认真进行市场细分和目标选择，避免因过度涌入特定市场而再度遭遇反倾销指控。

　　中国作为世界工厂，吸引着全世界的目光，随着 RECP 的签署与布局，广西临近东盟的区位商业优势凸显，中、日、韩3国的关系也更加紧密。随着贸易的兴起，国内运输业、海运等行业也会全面受益。广西林业协会经过本次应诉的有益尝试，为广西胶合板企业乃至全国胶合板企业的发展增强了信心，将促进企业出口贸易做大做强。

第八章

电线电缆出口反倾销案

第一节　2011年第一次反倾销案

一、案件简介

桂林某电线电缆企业生产的电缆从1985年开始进入澳大利亚市场，至今已有30多年。经过艰苦地开拓市场，凭借高品质、供货及时、售后服务优良以及对市场的敏锐洞察力，市场份额不断扩大，在世界第一、第二大电线电缆公司把持的澳大利亚市场中杀出一条血路，成为该国市场第三大市场份额占有者，并快速成长。自2011年开始，几家经验丰富的世界一流且占据澳大利亚线缆市场掌控地位的跨国公司，两次使用反倾销武器，甚至使用"双反"（反倾销、反补贴）武器，试图迫使桂林某电线电缆企业退出澳大利亚市场。

第一次反倾销案件发生在2011年，当年9月，澳大利亚海关应澳大利亚澳力电缆公司（Olex Cables Pty. Ltd.）、前进电缆公司（Advance Cables Pty. Ltd.）和普睿斯曼电缆公司（Prysmian Power Cables & Systems Pty. Ltd.）3家企业的要求，宣布对中国出口到澳大利亚的部分电线电缆进行反倾销调查。

二、案件申请阶段

（一）支持单位情况介绍

澳大利亚海关是澳大利亚联邦最早设立的政府机构之一，总部设在堪培拉。澳大利亚宪法第86章明确规定，海关为公共职能部门，依法实施强制性的措施和管理，严厉惩罚违法者，同时采取一切必要的措施促进商贸的发展。其职能包括：

（1）除对人员、货物、运输工具及邮件等的监管外，还代表其他政府有关业务部门实施边境管理，如卫生检疫、动物保护、文物保护、商标保护及移民事宜等；

（2）实施联邦政府的部分推动工业发展的措施，如关税、配额、补贴、出口激励措施等；

（3）征收关税、部分销售税、间接税及其他有关税费，对违法者进行起诉；

（4）向澳大利亚统计局提供进出口贸易统计材料。

（二）被申请人背景介绍

"十一五"期间，我国电线电缆行业发展速度年递增8.5%，与国民经济发展速度持平。同期，我国电力、通信、能源、交通等行业规模不断扩大，对电线电缆的需求迅速增长，我国电线电缆行业已步入飞跃发展期。电缆企业如雨后春笋般崛起，电缆产业集群日趋成熟。桂林某电线电缆企业是国内电线电缆行业的佼佼者，是广西最大规模的电线电缆生产企业，拥有自营权、出口权，1992年集团公司成为中国第一批（50家）在国外（澳大利亚）独资建（电线电缆）厂且集科、工、贸于一体的外向型企业。由于桂林某电线电缆企业是澳大利亚电线电缆市场的第三大市场份额占有者，所以其是这次对华反倾销首当其冲的受害者。

三、案件调查阶段

（一）被调查产品描述

被查产品名称：聚氯乙烯扁平电缆（英文名称是 PVC flat cable）。

此类产品可在干燥、湿润和潮湿的环境下使用，用于传输机和起重设备等，也可作为移动机械部件的电源线。此类电缆具有很高的柔韧性，可满足大幅度、高频率的弯曲要求。

产品为裸铜导体，组成结构参照 VDE 0295，class 5，聚氯乙烯绝缘。产品颜色标识：5芯及以下颜色编码遵循 VDE 0293；7芯及以上的颜色是黑色带有连续数字编号；接地线为黄绿色；黑色阻燃聚氯乙烯外护套。产品技术参数：最小弯曲半径为电缆外径的10倍；工作温度在柔软状态下为 –15~70℃，静态状态下为 –30~70℃。聚氯乙烯（PVC）电缆的耐温等级一般为70℃，产品属于 PVC 绝缘电缆。PVC 电缆料价格低廉、性能优良，在电线电缆绝缘保护材料中长期占有重要地位，但是这种材料含对环境和人体有害的物质，且在应用于特殊环境时存在诸多问题。随着环保意识的增强和对材料性能要求的提高，人们对 PVC 电缆提出了更高的要求。

PVC 树脂作为一种历史悠久的热塑性塑料，其柔软性可以通过加入不同量的增塑剂来调节。我们还可以将 PVC 与其他的聚合物共混改性来制备各种性能的塑料制品。PVC 价格低廉、性能优良，因此它在电线电缆行业有着广泛的应用。例如现在生活用的450/750V及以下绝缘的电线电缆和软线很多都使用 PVC 作为基体树脂。随着阻燃 PVC 电缆料在电子电器、计算机、汽车和航天等领域的广泛应用，对电缆的阻燃性也有越来越高的要求。

PVC 电缆由于其中掺入了大量的增塑剂和其他助剂，其耐燃性不足，在燃烧时会产生对人体有害的氯化氢气体，而氯化氢对金属有很强的腐蚀作用。除了产生有毒气体，PVC 电缆还会因为一些气体燃烧不充分而产生大量的烟雾，严重影响着人民的生命和财产安全。因此，研发低烟、低毒的 PVC 电缆成为电缆阻燃工业迫切的需求，具有重要的社会价值。

（二）调查过程概述

本案的倾销调查期为 2010 年 7 月至 2011 年 6 月。澳大利亚海关宣布对华电线电缆反倾销后，我国商务部立即召集有关电线电缆企业通报有关情况，希望企业积极应诉。在中国电线电缆行业中，桂林某电线电缆企业在澳大利亚经营多年，凭借可靠的质量、诚信的服务及遵守澳大利亚法律法规在澳大利亚市场占有率极高。该公司决定积极应诉，打好这一关系中国电线电缆行业在澳大利亚市场的信誉之战，同时也关系到自身今后在澳大利亚市场地位的商业战。为此公司认真地准备好澳大利亚海关要求的调查问卷资料，实事求是、完整地进行答卷，按照澳大利亚海关规定的期限如期交付答卷。在澳大利亚海关核查官员来公司现场调查期间，公司本着积极配合的态度，提供了核查官所要求的完整资料。其诚恳、认真、礼貌的态度，得到核查官员的认可。澳大利亚海关核查官员对公司在调查期内的所有相关资料进行了严谨、全面、一丝不苟的调查，并将其有关资料带回澳大利亚海关核查团队复核。

四、案件裁定

2012 年 2 月，澳大利亚海关经过认真、严格、细致的核查，做出了从中国进口的电线电缆没有倾销、停止核查的调查结论，并在澳大利亚海关及全国性报纸上刊登公告。后起诉方又上诉到澳大利亚法院，法院经过复核审查仍维持海关核查报告的结论。至此，澳大利亚电缆企业对中国出口到澳大利亚的电线电缆进行的反倾销调查，以中国电线电缆企业、桂林某电线电缆企业的胜诉而告终。

第二节　2014年第二次反倾销案

一、案件简介

经过2011年第一次反倾销调查失败后，澳大利亚的竞争对手仍不罢休，于2014年11月6日又专门针对桂林某电线电缆企业在澳大利亚的拳头产品——聚氯乙烯扁平电缆发起了反倾销调查。2015年1月，澳大利亚对此案做出肯定性初裁，将该产品当时的关税税率5%提升至初裁6%，这意味着桂林某电线电缆企业的出口产品要么提高售价，要么减少出口，但这些都会导致公司该类产品降低市场占有率，甚至退出澳大利亚市场。为了保住公司在澳大利亚的市场，于是桂林某电线电缆企业成立反调查机构，聘请中、外律师团队积极应诉。

二、案件申请阶段

（一）支持申请人背景介绍

澳大利亚反倾销委员会（以下简称委员会）为法定机构，由2013年3月14日专门通过的《海关法修正案（反倾销委员会）》予以成立。其主要职责为管理澳大利亚的反倾销体系（包括反补贴），并执行澳大利亚的反倾销制度改革。从机构设置来看，澳大利亚海关现有的贸易救济局将整体纳入委员会，此外还将新设立部分处室，扩充人员编制，加强对国内产业运用反倾销措施的辅导和支持。委员会总部将设在墨尔本市，在首都堪培拉地区的原有办公体系仍将保留。

（二）被申请人单位背景介绍

桂林某电线电缆企业是国内电线电缆行业的佼佼者，是广西最大规模的电线电缆生产企业，拥有自营权、出口权，1992年集团公司成为中国第一批（50家）在国外（澳大利亚）独资建（电线电缆）厂且集科、工、贸于一体的外向型企业。由于该企业依然占有澳大利亚电线电缆市场的第三大市场份额，所以其仍是这次对华反倾销首当其冲的受害者。

三、案件调查阶段

（一）被查产品描述

被查产品名称：聚氯乙烯扁平电缆（英文名称是 PVC flat cable）。

此类产品可在干燥、湿润和潮湿的环境下使用，用于传输机和起重设备等，也可作为移动机械部件的电源线。此类电缆具有很高的柔韧性，可满足大幅度、高频率的弯曲要求。

产品为裸铜导体，组成结构参照 VDE 0295，class 5，聚氯乙烯绝缘。产品颜色标识：5芯及以下颜色编码遵循 VDE 0293；7芯及以上的颜色是黑色带有连续数字编号；接地线为黄绿色；黑色阻燃聚氯乙烯外护套。产品技术参数：最小弯曲半径为电缆外径的10倍；工作温度在柔软状态下为 –15~70℃，静态状态下为 –30~70℃。聚氯乙烯（PVC）电缆的耐温等级一般为70℃，产品属于 PVC 绝缘电缆。

PVC 电缆料价格低廉、性能优良，在电线电缆绝缘保护材料中长期占有重要地位，但是这种材料含对环境和人体有害的物质，且在应用于特殊环境时存在诸多问题。随着环保意识的增强和对材料性能要求的提高，人们对 PVC 电缆提出了更高的要求。

PVC 树脂作为一种历史悠久的热塑性塑料，其柔软性可以通过加入不同量的增塑剂来调节。我们还可以将 PVC 与其他的聚合物共混改性来制备各种性能的塑料制品。PVC 价格低廉、性能优良，因此在电线电缆行业有着广泛的应用。例如现在生活用的450/750V 及以下绝缘的电线电缆和软线很多都使用 PVC 作为基体树脂。随着阻燃 PVC 电缆料在电子电器、计算机、汽车和航天等领域的广泛应用，对电缆的阻燃性也有越来越高的要求。

PVC 电缆由于其中掺入了大量的增塑剂和其他助剂，其耐燃性不足，在燃烧时会产生对人体有害的氯化氢气体，而氯化氢对金属有很强的腐蚀作用。除了产生有毒气体，PVC 电缆还会因为一些气体燃烧不充分而产生大量的烟雾，严重影响着人民的生命和财产安全。因此，研发低烟、低毒的 PVC 电缆成为电缆阻燃工业迫切的需求，具有重要的社会价值。

（二）调查过程概述

本案的倾销调查期为2013年7月1日至2014年6月30日，损害调查期自2010年7月1日起。2015年3月，澳大利亚反倾销委员会派出具有财务、贸易、制造工艺等方面的专家团队来到桂林某电线电缆企业，对公司提交的证据进行现场核查。企业人员积极配合澳方人员的询问和调查，在双方辩论中企业人员临危不乱、据理力争，以真诚专业的态度给澳方人员留下了较好印象。

四、案件裁定

2015年7月9日，澳大利亚反倾销委员会对原产于中国的聚氯乙烯扁平电缆作出反倾销终裁：①东莞市某电缆有限公司对澳出口涉案产品不存在倾销，因此终止对该公司的反倾销调查；②广西桂林某电线电缆企业、广西某龙电线电缆有限责任公司、广西某国际电线电缆有限公司对澳出口涉案产品存在倾销，但倾销幅度低于2%，因此终止对上述公司的反倾销调查；③其他中国公司对澳出口涉案产品对其国内产业造成的损害为微量，因此终止对其他中国公司的反倾销调查。

第三节　2018年第三次反倾销案

一、案件简介

经过2011年、2014年两次反倾销调查失败后，澳大利亚的竞争对手仍不罢休，于2018年6月4日又专门针对中国在澳大利亚的拳头产品——聚氯乙烯扁平电缆发起了反倾销和反补贴的"双反"调查。为了保住澳大利亚的市场，桂林某电线电缆企业再次成立了反调查机构，聘请中、澳律师团队积极应诉，根据中国、澳大利亚法律有理有据地开展大量维权工作。

二、案件申请阶段

（一）支持申请人单位背景介绍

澳大利亚反倾销委员会为法定机构，总部设在墨尔本市，由

2013年3月14日专门通过的《海关法修正案（反倾销委员会）》予以成立。其主要职责为管理澳大利亚的反倾销体系（包括反补贴），并执行澳大利亚的反倾销制度改革。从机构设置来看，澳大利亚海关现有的贸易救济局将整体纳入澳大利亚反倾销委员会，此外还将新设立部分处室，扩充人员编制，加强对国内产业运用反倾销措施的辅导和支持。

（二）被申请人单位背景介绍

电线电缆行业在我国发展势头迅猛，竞争激烈。其中，桂林某电线电缆企业是国内电线电缆企业的佼佼者，是广西最大规模的电线电缆生产企业，拥有自营权、出口权，1992年集团公司成为中国第一批（50家）在国外（澳大利亚）独资建（电线电缆）厂且集科、工、贸于一体的外向型企业。由于桂林某电线电缆企业是澳大利亚电线电缆市场的第三大市场份额占有者，所以其是此次澳大利亚发起反倾销的主要针对者，也是此次对华反倾销首当其冲的受害者。

三、案件调查阶段

（一）被查产品描述

被查产品名称：聚氯乙烯扁平电缆（英文名称是 PVC flat cable）。

此类产品在干燥、湿润和潮湿的环境下使用，用于传输机和起重设备等，也可作为移动机械部件的电源线。此类电缆具有很高的柔韧性，可满足大幅度、高频率的弯曲要求。

产品为裸铜导体，组成结构参照 VDE 0295，class 5，聚氯乙烯绝缘。产品颜色标识：5芯及以下颜色编码遵循 VDE 0293；7芯及以上的颜色是黑色带有连续数字编号；接地线为黄绿色；黑色阻燃聚氯乙烯外护套。产品技术参数：最小弯曲半径为电缆外径的10倍；工作温度在柔软状态下为–15~70℃，静态状态下为–30~70℃。聚氯乙烯（PVC）电缆的耐温等级一般为70℃，产品属于PVC绝缘电缆。PVC电缆料价格低廉、性能优良，在电线电缆绝缘保护材料中长期占有重要地位，但是这种材料含对环境和人体有害的物质，且在应用于特殊环境时存在诸多问题。随着环保意识的增强和对材料性能要求的提高，人们对PVC电缆提出了更高的要求。

PVC树脂作为一种历史悠久的热塑性塑料，其柔软性可以通过加入不同量的增塑剂来调节。我们还可以将PVC与其他的聚合物共混改性来制备各种性能的塑料制品。PVC价格低廉、性能优良，因此在电线电缆行业有着广泛的应用。例如现在生活用的450/750V及以下绝缘的电线电缆和软线很多都使用PVC作为基体树脂。随着阻燃PVC电缆料在电子电器、计算机、汽车和航天等领域的广泛应用，对电缆的阻燃性也有越来越高的要求。

PVC电缆由于其中掺入了大量的增塑剂和其他助剂，其耐燃性不足，在燃烧时会产生对人体有害的氯化氢气体，而氯化氢对金属有很强的腐蚀作用。除了产生有毒气体，PVC电缆还会因为一些气体燃烧不充分而产生大量的烟雾，严重影响着人民的生命和财产安全。因此，研发低烟、低毒的PVC电缆成为电缆阻燃工业迫切的需求，具有重要的社会价值。

（二）调查过程概述

本案倾销调查期为2018年1月1日至2018年12月31日，产业损害分析期为自2014年1月1日起。2018年11月，澳大利亚反倾销委员会派出具有财务、贸易、制造工艺等方面的专家团队来到桂林某电线电缆企业，对该企业提交的证据进行现场核查，并大量取证。

四、案件裁定

2019年1月，澳大利亚反倾销委员会宣布调查结果：桂林某电线电缆企业的倾销税率为7.2%，其他企业的倾销税率为33.2%。这将严重影响桂林某电线电缆企业在澳大利亚的市场占有率，从而影响整个企业的战略布局。

五、案件复审

为此，2019年11月，桂林某电线电缆企业和国内外律师团队协商，决定向澳大利亚有关部门开展反倾销退税申请调查，对2019年1月份的反倾销结果进行更正并申请退还有关税费。

2019年4月8日，澳大利亚反倾销委员会发布第2019/46号公告称，对进口自中国的聚氯乙烯扁平电缆作出反倾销和反补贴部分终裁，裁定涉案企业桂林某电线电缆企业的政府补贴为微量，故终止对其进行反补贴调查。

第四节　案件的影响和启示

一、三次反倾销对国内电线电缆行业的影响

（一）不利于国内电线电缆行业海外市场的拓展

每次反倾销调查后国内电线电缆行业对澳出口量就明显下降，这

对国内的行业来说是不小的冲击，阻碍了国内企业开拓海外市场的脚步。海外客户严重流失，海外市场份额缩减，造成较大损失。不过幸好三次终裁结果都取消了反倾销措施，我国对澳电线电缆出口量又有所回升，挽回了部分海外市场。

（二）减少我国电线电缆对出口依赖，推动我国产业技术创新

当前，中国的经济已经不再主要依赖于投资和出口刺激，更加依赖于消费和服务。随着多次国外反倾销措施的阻碍，我国电线电缆对外贸易受到影响。减少出口意味着将增加内需，增加消费需求并刺激内需以推动经济增长。国内对电线电缆需求的扩大会促进整个行业的不断创新，加快产业升级，提高产品质量和科技含量，提升整个行业竞争力。

（三）多次胜诉为行业应诉树立榜样

在三次澳大利亚发起的对华反倾销中，桂林某电线电缆企业表现优异，全部获得了胜诉。集团聘请专业律师团队，细致准备各项调查资料，在一次次反倾销调查中灵活应对，巧妙协调，以过硬实力和专业态度使对手妥协信服。三次反倾销全部胜诉在国内应诉案例中极为罕见，这为国内企业应对贸易摩擦提供了非常宝贵的参考经验，鼓舞了国内各行各业外贸企业的信心与斗志，促使它们深刻意识到知法用法的重要性，并懂得修正完善自身应对贸易摩擦的思路方法，学会建立自己的出口贸易合规与预警机制。

二、案件启示

作为在澳大利亚经营30多年的中国企业，桂林某电线电缆企业一贯秉承遵守当地法规、合法经营的理念，并积极投身当地经济发展和慈善事业，在产品上也力图不与当地企业产品冲突，在当地树立起了中资企业和中国人的良好社会形象。这几次的反倾销调查，桂林某电线电缆企业能够全面获胜，主要有以下几个原因。

（一）敢于开展反倾销抗争

一是积极应诉和配合调查。成立迎接"双反"调查工作组，专人负责，由行业协会组成专家组，派专家到企业为其进行充分的专业辅导，力争做到数据准确、不出差错。充分做好核查准备，凡是涉及"双反"调查的相关企业，政府机构一概响应，做好充分准备，争取维持较低税率。

二是组建专家组。邀请中、澳律师和反倾销、反补贴专家等组成专家组，就面临的调查和终裁做出分析、论证、评估，指导企业做好准备。

三是经过专家组论证、分析、评估，制订一套积极的应诉方案，包括在中国如何行动、在澳大利亚如何行动、在企业如何行动。

四是与商务部建立配合工作机制。商务部作为我国对外发起反倾销反补贴的主管部门，企业应积极取得商务部和地方商务厅的支持作为企业的后盾力量。

五是发挥行业组织的凝聚作用。被"双反"调查的企业应联合起来，统一行动，集体应战，发挥行业组织的凝聚作用，不可各自为战。

六是寻求澳大利亚进口商协助。进口商对澳大利亚相同产品工业了解多，在是否对澳大利亚相同工业产业造成事实损害的抗辩中发挥着不可或缺的作用。

（二）建立合规预警机制

具体来说，建立一个出口贸易合规与预警机制，需要进行以下工作。

一是企业在出口前，做好是否有倾销或补贴的分析和评估。如果可能存在，自行确定提高价格或规避补贴，价格不要低于正常价值水平，从根本上杜绝被反倾销、反补贴调查或制裁。这是最根本的基础性工作，企业要扭转物美价廉的营销观念，不能单靠价格优势竞争，而应靠高科技和知识产权竞争。

二是做好长期被反倾销、反补贴调查准备。对企业有关人员定期进行出口贸易规则培训，一旦被国外发起"双反"调查，不慌不乱，沉着应对。重视参与过反倾销调查的企业人员，培养自己的"双反"调查队伍。

三是分析企业相关产品的全球主要市场竞争形势，关注相关产品全球主要市场进出口价格走势，预判可能发生特殊进口管制措施的市场。另外，加强与其他出口企业的联络和沟通，在价格确定上互相通气，制止和约束恶性竞争。

四是研究企业相关产品在全球主要市场遭遇特殊进口管制措施的具体情况及贸易转移动向，预先准备应对具体出口市场可能发生的特殊进口管制调查。企业应时刻关注出口国的"双反"调查信息，当获知可能被申请"双反"调查、裁决时，行业组织应及时警示出口商，并做好调查核查准备。

五是与国内具有反倾销、反补贴经验的律师事务所建立稳定的业务关系，并与出口国反倾销、反补贴律师事务所保持长期稳定关系，让两国律师尽快熟悉和了解相关的行业信息。

六是面对美欧等在反倾销中采用的"生产要素"替代国计算方法时，对原材料采购、人力投入等生产要素的构成，事先进行优化处理，按照贸易救济规则规划出口价格的构成。

（三）地方政府应积极构建贸易调整援助机制

从宏观经济视角审视，由于新冠疫情在全球范围内的持续扩散，国际进出口贸易无疑将受到影响。对我国而言，截至2020年3月31日，已有24个国家或地区对华实施贸易限制，提高我国商品的准入门槛或直接禁止进口。据海关统计数据显示，2020年1月至2月，外国因新冠疫情所采取的贸易管制措施对我国出口的影响大于进口，我国近八年来首次出现累计贸易逆差。鉴于这种情况，借助贸易调整援助机制对我国因新冠疫情原因而遭遇出口受阻或外贸损害的企业予以支持，有助于帮助企业克服当下面临的生存危机，应对资金链断裂风险，更有效地推进企业疫后复工复产，实现转型升级，振奋经济活力。

目前，美国、加拿大、澳大利亚、新西兰、德国、法国、荷兰、意大利、西班牙、阿联酋、沙特阿拉伯、韩国、柬埔寨和泰国为应对新冠疫情均纷纷推出经济援助计划。2015年，国务院印发的《关于加快实施自由贸易区战略的若干意见》第十九条明文规定："在减少政策扭曲、规范产业支持政策的基础上，借鉴有关国家实践经验，研究建立符合世贸组织规则和我国国情的贸易调整援助机制，对因关税减让而受到冲击的产业、企业和个人提供援助，提升其竞争力，促进产业调整。"本条系中国首次在官方文件中正式提出研究构建贸易调整援助制度。作为探索法治创新经验、制度"先行先试"的试验田，上海自由贸易试验区率先引入了贸易调整援助试点。

2017年7月15日，上海市商务委员会、上海自贸区管委会联合发布的《中国（上海）自由贸易试验区贸易调整援助试点办法》（以下简称《试点办法》）正式施行，有效期为2年。后经评估，该《试点办法》的有效期延长至2021年7月15日。该《试点办法》的亮点是确立的援助对象不仅适用于受到进口冲击的企业，还适用于出口受到阻碍的企业，涵盖范围更为完整。2020年2月，为应对国际贸易形势的严峻挑战、降低国际贸易环境变化对企业经营产生的不利影响，上海市浦东国际商会发布了《关于申报2020年度第一批上海自贸试验区贸易调整援助项目的通知》，围绕着"经贸法律援助服务""市场信息咨询服务""贸易结构优化服务"征集有关TAA（贸易调整援助）公共服务项目，使贸易调整援助成为备受企业界关注的议题。

综上所述，各地方政府应积极构建贸易调整援助机制，对这一机制的内在机理、受助对象、援助措施、监督审查等进行研究，通过合理的制度安排和程序设计配置给最具需求的主体，从而妥当地达到纾解经济衰退、促进产业调整、激发市场活力和重焕企业生机的目的。

第九章

硫化机出口反倾销案

一、案件简介

桂林某橡胶公司的主导产品轮胎硫化机规格齐全，技术先进，其规格从42英寸（1英寸约为2.54厘米）至212英寸，是目前全球轮胎硫化机产品规格最齐全的企业。产品已销往世界各地，批量出口到法国米其林、日本普利司通、德国大陆、美国费尔斯通、意大利倍耐力、日本住友、日本横滨、印度JK、印度阿波罗等世界知名轮胎公司。

印度是桂林某橡胶公司最主要的出口国之一，近些年印度国内硫化机市场需求迅速扩大，印度国内硫化机产业的产销量出现大幅增长，但大量进口仍然在市场份额、价格和利润率等方面对印度国内产业造成了影响。

2008年3月5日，印度商工部反倾销和联合关税总局发布了对中国轮胎硫化机反倾销调查的初裁，建议对中国产品征收15%的从价临时反倾销税。2008年10月16日，应印度拉森特博洛有限公司的申请，印度立案对原产于中国的轮胎硫化机进行反倾销调查。在此次反倾销的原审以及三次复审期间，我国对印出口的84775100型机器销售量明显下滑。13年间数次的立案调查使得我国硫化机出口产业元气大伤，损失严重，海外客户尤其是印度客户严重流失，阻碍了国内硫化机企业进一步开拓海外市场的脚步。最后一次复审即2021年2月至2021年9月期间，对印销量为385042台，同比减少约53%。最后的日落终裁以我国企业胜诉告终。

二、案件申请阶段

（一）支持单位情况介绍

印度工商部反倾销和联合关税总局（以下简称"印度反倾销总局"）是印度反倾销调查的前主管机构，隶属于印度商业和工业部下属的商业司，主要职责是决定发起和展开调查，调查被控倾销的进口产品是否存在倾销并确定倾销幅度，以及倾销进口产品对国内产业是否造成损害。根据调查结果作出初步裁定、接受和拒绝价格承诺，向印度财政部提出征收反倾销税的建议，发起和进行反倾销复审。印度商务部下新设贸易救济总局（Directorate General of Trade Remedies），在2018年取代了先前的反倾销总局，成为印度处理贸易救济问题的唯一机构，负责具体的反倾销、反补贴和保障措施相关事项，包括受理利害关系方提出的申诉、进行倾销与损害的调查和裁决。

（三）被申请人背景介绍

印度官方通报的调查对象有7家，桂林某橡胶公司作为其中的1家涉案产值约4000万元，是国内出口印度硫化机最多的厂家，其他6家以出口量很低为由放弃应诉。桂林某橡胶公司主要产品为轮胎硫化机、轮胎成型机、挤出机、压延机、双螺杆挤出压片机、复合挤出生产线、内衬层挤出压延生产线、零度带束层生产线等，具备全套子午线轮胎生产"交钥匙工程"的能力。

企业的主导产品硫化机先后通过德国 TUV 公司和法国 BV 公司的 CE 认证，可提供从42英寸（1050）到212英寸（5400）系列化轮胎硫化机设计及制造服务，同时可为客户提供定制化轮胎硫化机的设计及制造服务。目前，桂林某橡胶公司产品广泛出口至米其林、普利司通、费尔斯通、倍耐力等世界大型轮胎公司，具备与国际一流橡胶机械供应商竞争的实力。

三、案件调查阶段

（一）被调查产品描述

被调查产品名称：用于充气轮胎模塑或翻新的机器及内胎模塑或用其他方法成型的机器（英文名称是 Machines For moulding or retreading pneumatic tyres or for moulding or otherwise forming inner tubes）。

轮胎机械包括轮胎成型机、轮胎钢丝圈机械、轮胎定型硫化机、胶囊硫化机、垫带硫化机、内胎接头机和内胎硫化机，以及力车胎机械、轮胎翻修机械和再生胶生产机械。世界60%以上的橡胶用于制造轮胎，因此轮胎机械在橡胶机械中占有重要地位。

涉案产品属于轮胎成型机的一种。轮胎成型机（简称 TBM）是轮胎制造生产过程中，将半成品部件（如胎面、胎侧、胎冠、型胶、胎体等）按工艺要求组合成成型轮胎胎胚的一种轮胎生产专用设备，主要用于子午线轮胎的成型过程中，再将挂胶帘布、钢丝圈、胎面等各种部件贴合加工成轮胎的胎坯。按用途不同可分为普通轮胎成型机和子午线轮胎成型机两大类。

将外胎各个部件的半成品在成型机上合成一个完整胎的工艺过程，称为轮胎成型。成型质量对外胎质量的影响是很大的，因为其手工操作多、工序复杂，若在操作过程中出现布筒上偏，布层之间存有气泡，钢圈偏歪，胎面缓冲偏歪，或出现折子露白、杂质等质量问题，会使外胎在硫化后或使用过程中出现肩空、肩裂、脱层、钢丝上抽等问题。

（二）调查过程概述

2008年10月20日印度反倾销总局函告我国驻印经商处，拟对自我国进口的轮胎硫化机发起反倾销调查。这是我国橡胶机械首遭反倾销调查。本案的倾销调查期为2007年4月1日至2008年3月31日，损害调查期包括2004年4月至2005年3月、2005年4月至2006年3月、2006年4月至2007年3月以及倾销调查期。

2008年10月底，桂林某橡胶机械厂与律师事务所签订协议应诉硫化机反倾销。3月5日，印度商工部发布了对中国轮胎硫化机反倾销调查的初裁，建议对中国产品征收税率为15%的临时反倾销税。3月底，我国企业向印度商工部递交抗诉材料。7月12日，印度商工部组织听证会，我国企业进行抗辩并上交书面材料。

四、案件裁定

2009年10月15日，印度调查机关作出终裁，裁决对中国产130英寸以上规格的硫化机免于征收反倾销关税，对130英寸及以下规格的硫化机最终反倾销关税为到岸价（CIF）的10%。终裁作出后90天内印度财政部将发布正式的征税通知，自发布日起海关开始征收反倾销关税。

2010年1月8日，印度财政部决定正式对上述涉案产品征收最终反倾销税，有效期为5年。

五、案件复审

（一）期中复审

2011年5月23日，应印度拉森特博洛有限公司的申请，印度立案对原产于中国的轮胎硫化机进行反倾销期间复审调查。

2012年3月29日，印度调查机关作出终裁，建议将原产于中国的六层用于自行车轮胎的硫化机排除在征税范围之外。

2012年5月14日，印度财政部决定执行上述建议。

（二）第一次日落复审

日落复审是指在反倾销措施执行满5年之前的合理时间内，国内产业或其代表提出有充分证据的请求而由主管机关发起的复审。若在该复审中主管机关确定终止反倾销税可能导致倾销和损害的继续或再度发生，则可继续征收反倾销税。在复审期间，原执行的反倾销税继续有效。

2015年1月7日，应印度拉森特博洛有限公司的申请，印度立案对原产于中国的轮胎硫化机进行第一次反倾销日落复审调查。该案的倾销调查期为2013年10月至2014年9月，损害调查期包括2011~2012财年、2012~2013财年、2013~2014财年和倾销调查期（2013年10月至2014年9月）。印度的财政年度从每年的4月1日起至翌年3月31日止。

2016年1月5日，印度调查机关作出日落复审终裁，建议继续对原产于中国的轮胎硫化机征收反倾销税，并将反倾销税率调整为15%。在反倾销调查终裁前，印度反倾销总局曾于2015年12月28日披露了对原产于或进口自我国的轮胎硫化机倾销和损害认定幅度，调查机关继续将我国认定为非市场经济地位国家，经采用印度市场同类产品的实际支付价格计算被调查产品的正常价值，认定来自我国的被调查产品对印度市场的倾销幅度为10%~20%，损害幅度为10%~20%。

2016年3月29日，印度财政部决定执行上述建议，有效期为5年。

（三）第二次日落复审

2021年2月26日，印度商工部发布公告称，应印度拉森特博洛有限公司提交的申请，对原产于或进口自中国的轮胎硫化机启动第二次反倾销日落复审调查。该案倾销调查期为2019年4月1日至2020年9月30日（18个月），损害调查期为2016年4月1日至2017年3月31日、2017年4月1日至2018年3月31日、2018年4月1日至2019年3月31日及倾销调查期。2021年3月26日和2021年6月29日，印度财政部先后将现行反倾销措施的有效期延长至2021年11月30日。

接到本次调查通知后，中国橡胶工业协会将相关情况报告给国家商务部，并有意联合国内相关企业共同应诉，但其他几家企业以其出口印度的产品数量很少为由拒绝了联合应诉。桂林某橡胶公司也将本次要应诉的事宜报告了上级主管公司、桂林市商务局、中国贸易促进会桂林分会等。

如本次继续加征反倾销税率，对于桂林某橡胶公司在手合同影响不大：一是因本次案件审理最终裁定要到2022年中，产品已交付完；二是据从客户处得知，近几年虽然印度商工部裁定了反倾销税，但印度财政部为了鼓励印度企业发展，并没有加收他们的这项税，但这个临时政策不知道会不会延续或者延续多久。对于后续订单方面，一是要看印度财政部的鼓励政策延续情况，二是要看具体裁定反倾销税率情况。如税率超过20%，且没有当地鼓励政策，将影响后续订单签订。因此，桂林某橡胶公司综合考虑后决定参加本次应诉，争取独立优惠税率。

经过积极努力应诉，以桂林某橡胶公司为主的中国硫化机企业迎来了最终胜利。2021年8月27日，印度商工部公布了对中国轮胎硫化机反倾销第二次日落复审的终裁结果，裁定调查期内倾销幅度和损害幅度均为微量，若终止现行的反倾销措施，涉案产品对国内产业的损害不会继续或再度发生，因此建议终止现行反倾销措施。桂林某橡胶公司厂取得反倾销零税率和行业无损害终止案件而不予征税的完胜结果，使印度成为中国整个橡胶硫化机行业最重要的出口市场之一。

六、本案关于印度日落复审制度评析

（一）日落复审的概述

日落复审于1994年作为第11条第3款引入WTO《反倾销协定》（以下简称ADA），旨在约束成员方滥用反倾销措施。条款规定，反倾销税一般应自征税之日起5年内终止，除非调查当局在终止之日前主动发起复审，或基于国内产业或其代表在该日期之前的一段合理时间内提交的包含相关证据的请求启动复审，调查并分析若终止现行反倾销税是否可能会继续或重新造成倾销和损害。若其就此得出肯定性结论，现行措施可在5年期后继续生效，且反倾销措施在复审结果出来前仍有效。日落审查可视为原始调查的延续，且侧重现行反倾销措施到期后的可预见的合理期间的情况。"可能"一词亦体现日落复审相较于原始调查而言得出肯定性结论的门槛更低。本条款作为原则性规定，为WTO成员方持续征收反倾销税提供了法律依据。但是，如何开展日落复审和评估可能性并不清晰，留待成员方在确保本地立法与 ADA 一致的前提下自行明确。

（二）印度日落复审制度概述

自 2007 年以后，印度高院决定所有反倾销案件在征税期满之前都应该进行日落复审调查，以保护国内的相关产业。复审结果如果是继续执行征收反倾销税，由财政部税务司负责；如果是针对进口商品执行最低限价，则由反倾销总局发出正式通告；如果是禁止进口的，则由海关执行。复审调查过程主要考察损害继续或复发的可能性，以及重新计算倾销幅度，具体参考的证据包括正常价格、进口总量、市场份额、倾销幅度、国内外产业销售情况，以及对印度国内产业价格消减幅度等。考虑到目前印度仍将中国视为非市场经济地位国家，故在反倾销调查过程中多以印度国内的成本为基础，采用结构价格来计算正常价值，导致测算价格偏高的可能性较大。

1. 相关法律依据及评析

印度主要通过两部法律规范反倾销实践。第一部是 1975 年《关税法》，其中，第 9A、9B 和 9C 节均对反倾销措施做出规定。第 9A 节包含一些关键术语的定义，并提及日落复审，但仅是基于 ADA 第 11 条第 3 款而设立的原则性条款。第 9A 节规定反倾销税的返还；第 9B 节明确不应征收反倾销税的情况；第 9C 节则规定利害关系方可就反倾销税的相关决定向上诉法院提起上诉，且可在对上诉法院裁定不服时，进一步向最高法院提出申诉。另一部为《1995 年海关关税（对倾销物品和损害赔偿的反倾销税的识别、评估和征收）规则》（以下简称《海关规则》）。除定义关键术语外，其还明确反倾销调查的原则，正常价值、出口价值和倾销幅度的确定方法以及调查过程中涉及的相关问题。尽管未明确出现"日落复审"或"到期审查"的表述，但其第23条就复审相关内容予以阐述如下：第一，调查当局应不定期评估继续征收反倾销税的必要性，若有足够证据证明不必再征收，调查当局应建议中央政府终止现行反倾销措施。此种审查需由调查当局自行发起，相关审查可否依利益相关方的申请启动却不清晰。第二，此种复审应自启动审查之日起12个月内结束。第三，《海关规则》第6、7、8、9、10、11、16、17、18、19、20条可适度用于复审。简言之，尽管第23条未专门就日落复审涉及的相关细节作进一步规定，但其确定了基本工作原则，为调查当局在日落复审中交叉适用相关规定提供了法律基础。但是，如何交叉适用并不明确，调查当局应采取何种方法、评估哪些因素以得出结论亦不清晰。

2. 机构设置

开展反倾销调查、征收反倾销税主要分别由印度商工部反倾销和联合关税总局（以下简称 DGAD）、财政部负责。DGAD 是商工部下属的调查机构，主要进行反倾销调查，并就对国内产业造成伤害的产品征收反倾销税的税率提出建议。但是，决定是否征收反倾销税及具体征收幅度并不由其负责，而权属财政部税务司。税务司负责确定是否征收及如何征收反倾销税，包括现行反倾销措施到期后是否应持续生效。此外，印度建立上诉机制以供利益相关方申诉。若利害关系方对调查结果或相关结论的依据持有不同观点，其可先向关税、货物税和服务税上诉法庭提出诉求。但是，就此的判决是终审，利益相关方无法就此类问题继续上诉。若利益相关方仍不服，可向印度最高法院提起上诉。然而，与向上诉法庭提出的上诉不同，至最高法院的上诉只关注相关规则的实施情况，如是否存在程序瑕疵。综上，相较于 ADA 第11条第3款，印度国内涉及复审的立法以设立原则性条款的方式保留了日落复审中的关键点，但未在此基础上就日落复审涉及的相关细节作进一步规定，仅明确调查当局可适度引用其他条款，却又未明确如何"适度"适用。这赋予调查当局较大自由裁量权。

（三）日落复审实践

印度日落复审调查包含倾销可能性调查和损害可能性调查。只有当调查当局就这两部分均得出肯定性结论时，方可做出5年后持续征收反倾销税的决定。在正式开展调查前，调查当局需先进行相关准备工作，包括明确调查期并就相似产品和国内产业做出判断。

1. 倾销可能性

调查当局在评估倾销可能性时，需明确被申诉人是否以要求的方式开展合作。若无，其可以既有事实推进复审，进而得出或不利于被申诉方的结论。此外，其还需收集相关信息，尤其是用于后续分析的数据，一般参考商业数据统计局（DGCI&S）和国际商业信息服务（IBIS）等来源的数据。对于不同信息来源的存在差异的数据，调查当局大多数情况下遵循一定的原则进行确定。在此基础上，调查当局再确定正常价值、出口价值和倾销幅度。类似地，目标国家是否为市场经济地位国家将直接影响正常价值的计算方法的选择。

（1）正常价值

调查当局在此步骤可适度适用《海关规则》第10条，主要考察利益相关方是否以要求的方式开展合作及评估目标国家是否为市场经济地位国家。因此，可能面临以下四种情况：非市场经济地位国家＆不合作、非市场经济地位国家＆合作、市场经济地位国家＆不合作、市场经济地位国家＆合作。总之，印度调查当局在选择正常价值的计算方法时，主要考虑两个因素：一是目标国家是否为市场经济地位国家，二是该国目标厂商合作与否。对于非市场经济地位国家，调查当局需确定合适替代国并以替代国的相关数据为基础。尽管如此，无论目标国家是否为市场经济地位国家，一旦该国目标厂商不按要求与调查当局开展合作，调查当局在缺乏信息的情况下只会选择推定得出正常价值，即推定一法往往发挥"兜底"作用。

（2）出口价值

与确定正常价值不同，调查当局在确定目标厂商直接出口至印度的产品出口价值时，其更关注目标厂商是否合作并依规提供足够的信息及相关信息的采信度。调查当局主要考虑合作和不合作两种情况。而对于部分目标厂商合作而另一部分不合作的情况，调查当局将区别对待。对于合作的，只要调查当局认可他们提交的材料和数据，由厂商自己计算的净出口价值一般将获采纳；对于不合作的，调查当局一方面可通过其他信息源采集数据，另一方面其可在合作厂商提交的出口价值相关数据中选择较低或最低的那个数值。虽然调查当局能较好地依据现行法律法规计算正常价值和出口价值，但是依规办事并不等同于相关实践不出现问题。当调查当局需从多个信息源中选择数据时，其倾向于选取不利于被申诉方的数据，这可能放大负面影响，得出与实际情况不相符的反倾销税率。此外，调查当局面对同样的情况可能会采取不同的处理方式，这种随意性将降低复审结果的可预测性，使得利益相关方无所适从。

（3）评估倾销可能性

基于正常价值和出口价值，调查当局可相应比较得出倾销幅度，即正倾销幅度、负倾销幅度及因特殊情况未能得出倾销幅度3种结果。尽管倾销幅度在评估倾销可能性中有重要作用，但并非决定性。若调查当局得出正倾销幅度，其有很大机会就倾销可能性得出肯定性结论。然而，负倾销幅度并不一定有较高概率导致否定性结论，调查当局还将基于可靠信息源进一步研究产能、产量、过剩产能和出口至其他国家的情况。调查当局对于正、负倾销幅度采取不同的处理方式，且倾向选择对被申诉方更不利的数据作为判断依据，其或可能"创造条件"得出肯定性结论。而对于因无进口而导致无法计算出口价格和倾销幅度的情况，调查当局亦同样无统一的处理方式。其可直接就倾销可能性得出否定性结论，也可进一步考察进口量等因素。

2. 损害可能性

从实践看，调查当局适用累积评估，从多角度综合考察，并在得出结论前排查除目标产品外的因素。

（1）累积评估

由于日落审查往往不只涉及一个目标国家，因此，调查当局常考虑适用累积评估。评估包含两个方面：一是每个国家的倾销幅度都高于出口价格的2%，且每个国家对印度出口的同类产品只占总进口额3%以上；或单个国家的出口额占相似产品总进口额的比例低于3%，但合计数量占总量的7%以上。二是考虑进口产品和国内相似产品的竞争，对进口产品的影响开展累积评估是适当的。只有满足上述两个条件时，调查当局方可适用累积评估。对于多个目标国家中的一个或数个在反倾销调查期内未向印度出口目标产品的情况，若调查当局认为应适用累积评估，其仅需排除未向印度出口目标产品的国家。

（2）损害可能性调查

基于《海关规则》，调查当局主要考察倾销进口产品的数量对国内市场相似产品的影响、倾销进口产品的价格对国内市场相似产品的影响以及其他相关的经济参数。对于进口产品的数量和市场份额，调查当局一般根据印度市场的需求量和市场份额等分析是否存在大量以倾销价格进入印度市场的目标产品，并整理得出目标国家和其他国家出口目标产品占印度进口市场的份额，以作进一步分析。其还会考察产量、产能和产能利用率。价格影响方面，调查当局主要关注损害可能性调查期内价格削减、低价销售和价格不振的情况。为此，调查当局将确定和比较进口产品的落地价格、国内产业生产的相似产品的非受损害价格（以下简称 NIP）和国内产业生产的相似产品的净售价（以下简称 NSR）。调查当局还将通过比较 NIP 和进口产品的落地价格以得出损害幅度。此外，调查当局还将考察相关经济参数以明晰国内产业在损害可能性调查期内和之后的运作和恢复情况，主要考察：①销售额、利润、产量、市场份额、产能、投资回报或产能利用率，以掌握国内产业的基本状况，如供需关系；②从目标国家和其他国家进口到印度的倾销进口产品、国内市场竞争环境和成本结构的变化，以分析影响本地产品价格的因素；③损害可能性调查期内是否存在倾销及倾销幅度的大小和变化趋势；④进口产品对现金流、库存、就业、工资、增量、筹集资金能力是否产生或将会产生负面影响，以明晰国内产业和相关生产要素在损害可能性调查期内的状况。

（3）评估损害可能性

调查当局将结合损害可能性调查的情况、搜集的数据和倾销可能性的评估作出结论，主要包含以下方面：一是当下和过往的倾销幅度，二是价格吸引力，三是印度市场目标产品的需求量和市场份额，四是目标国家厂商的产能和出口倾向，五是出口至第三国的倾销状况，六是损害幅度，七是印度产业利益。调查当局几乎在每个复审案例中都会提及以上因素，从内容看此部分在不同案件中基本一样，主要包括两部分：一方面说明实施反倾销税可使保护产业免遭由于倾销行为导致的不公平竞争造成的伤害，另一方面表明消费者仍可有足够多种产品选择。除前述因素外，其他国家的调查结果亦可作为依据。

综上，在评估损害可能性时，调查当局会分析所有相关参数，任一单方面均非决定性因素。在此过程中，其所获取的数据更多源自本国的数据库或国际信息源，侧重掌握国内产业的运作情况。类似于倾销可能性的相关工作，损害可能性的相关工作亦有值得商榷之处。

首先，除损害可能性调查期外，调查当局常在分析某一个因素将反倾销调查期后的一段时期纳入调查期，而在分析其他因素时又不纳入。此种缺乏统一性的做法同样体现于经济参数的分析过程。尽管其搜集众多经济参数的数据，但并非都纳入考量范围，且根据公布的裁决看，其在不同案件中考虑的经济参数不完全相同。

其次，调查当局在损害可能性调查中的分析和裁决缺乏透明度。根据现行法律法规，反倾销裁决中应包括做出该裁决的事实与法律分析，而印度反倾销裁决中有时缺乏足够的分析就简单得出结论，或者以机密资料为由，对支撑裁决的关键性信息不予公布，或未以合适的方式进行信息披露。以分析价格影响为例，调查当局将相关数据指数化并以调查期第一年为100，以此推出调查期内其他年份的数据。诚然，涉及商业机密的信息应得到合法保护。但是，一方面，ADA 和《海关规则》均提供了既能保障利益相关方知情权，又能保障信息提供者的权益的处理方式；另一方面，指数化数据更多体现趋势，不能清晰体现具体差值。因此，基于趋势就简单得出结论的做法有待商榷。

最后，损害可能性的评估过程中存在否定性结论需要更高门槛的情况，这在一定程度体现了调查当局存在公正性和中立性的问题。

（4）因果关系

调查当局还需分析除倾销进口产品外的对国内产业造成损害的因

素，以避免这些因素造成的损害归因于目标进口产品，主要包括以下几点。

一是来自第三国的进口产品影响。由于日落审查针对某个或某些特定国家的产品，因此调查当局需排查其他国家进口的目标产品的影响。

二是市场需求萎缩。根据有关数据，调查当局意在明晰调查期内市场需求变化情况，以及国内产业遭受的负面影响是否基于国内市场需求的萎缩。

三是消费模式的变化。调查当局分析是否存在因消费模式的变化而导致国内产业受损。例如，若消费者产品选择偏好发生变化，销售方或需以较低的价格出售目标产品以保持一定的市场份额。

四是国内外生产商之间的竞争环境。对此的考察旨在评估自目标国家进口的目标产品和国内生产的目标产品是否处于同一竞争环境中。

五是技术发展。对此的分析意在了解全球范围内制造目标产品应用的技术是否有所革新，还需明晰在损害可能性调查期内国内厂商生产目标产品所采用的方法是否存在变化，以明确目标国家厂商和日落复审申请方在生产目标产品所采用的技术手段上是否存在明显差异。

六是出口情况。对此主要关注在损害可能性调查期内国内产业目标产品的出口情况和变化趋势。一般情况下，若出口状况良好，国内产业由此受到损害的可能性很小。但即使出口状况不理想，调查当局亦不必然将国内产业受到的损害归咎于目标国家进口的目标产品，其仍需作进一步分析，综合考虑其他因素。

七是国内产业的生产率。生产率的下降将影响国内厂商的产能，进而对国内产业造成间接或直接的影响。

（四）结论与建议

ADA 引入日落复审本意为阻止 WTO 成员方滥用反倾销措施，但作为成员方国内立法范本的 ADA 对日落复审制度的规定过于简单。在成员方普遍存在保护国内产业的内生驱动力的情况下，这不可避免地使日落复审成为新型贸易保护主义的工具，使得既定目标难以实现。成员方调查当局可充分利用此空白主动发起日落复审并最终变相延长反倾销措施。随着时间推移，日落复审目前已成为贸易保护主义者持续征收反倾销税的强有力的合法工具。印度在与 ADA 第 11 条第 3 款保持一致的基础上，通过《关税法》和《海关规则》对反倾销日落复审相关事宜做出规定，包含倾销、损害可能性调查和评估过程中涉及的数据收集、适用方法和考察因素等多方面，并允许适用于原始调查的条款适当应用于日落复审。然而，正是这种"适当"为调查当局创造了较为宽松的调查环境，使其在日落复审数个环节中均充分使用此自由裁量权。尽管调查当局在复审中行使一定自由裁量权不足为奇，但是过度"灵活"在一定程度上削弱了调查结果的可预测性。从实践看，调查当局或可"人为创造"利于得出肯定性结论的条件，调查当局区别对待正倾销幅度和负倾销幅度的做法亦是不合理的体现。尽管如此，但只要其是根据与 ADA 保持一致的国内法律法规开展工作，且"自圆其说"以得出结论，利益相关方难言相关结论与 ADA 第 11 条第 3 款不符。毕竟，一方面，作为国内立法范本的 ADA 的相关条款本就有"留白"，且由于多种原因对其予以完善的难度非常大；另一方面，原始调查和日落复审的侧重点本就不同，只要满足可能延续或重新造成倾销和损害的条件即可。简而言之，相较于原始调查，日落复审得出肯定性的结论的门槛更低。由于多方面原因，在未来一段时间内，包括印度在内的多国将以贸易保护措施和加大投资审查力度等方式对我国的国际贸易投资予以限制和阻碍。

因此，我国要与国际社会加强联系，如通过网络平台与有关国家的主管部门、行业协会和商会加强沟通，对境外市场的动态变化、有关政策、法律法规等情况有更好的了解，减少摩擦。对于企业而言，其还是应更多关注应对技巧和自身建设。

以应对印度日落复审为例，一方面厂商在密切关注印度相关政策法规的同时，应在收到日落复审通知后的规定时限内积极配合调查当局的工作，并就复审涉及的关键问题主动与之沟通，以尽可能扩大赢面。从实践经验看，除调查当局充分使用自由裁量权外，企业不配合或不按要求配合亦是使自己"任人鱼肉"的重要原因，这给了调查当局更大的操作空间。这对于出口量较大的厂商而言尤其重要，自始就应争取主动权。而厂商若发现其提交的资料有误，则应迅速与调查当局联系请求更正或重新提交材料。鉴于反倾销日落复审涉及内容相对专业，厂商或可考虑聘请相对熟悉反倾销工作的律师和会计师等专业人员，并在其协助下迅速做出有效应对。相关专业人员还可为依规提交相关数据的合作目标厂商应对调查当局的现场查验提供帮助。厂商还可向行业协会、中国国际贸易促进委员会和中国国际商会等部门寻求帮助。另一方面，考虑中印间的复杂关系，印度调查当局在未来一段时间内仍将对中国产品"关爱有加"，特别是与印度互为直接竞争关系或与印度支柱产业存在直接竞争关系的领域。企业应有充足的心理准备，更好掌握所处行业在技术、市场需求和价格等方面的变化情况，结合自身实际，制订多路径的企业发展战略，探索新的发展模式，分散风险，以更主动、灵活应对日落复审对企业造成的影响。

七、案件启示

（一）积极应诉

本案不但彻底终结了上述13年的贸易壁垒，也是中国轮胎制造设备行业应对国外反倾销等贸易保护案件取得完全胜诉成果的典型案例。尤其是在印度大举贸易保护大棒围剿中国出口贸易的不利形势下取得如此结果更是实属不易。因此，此次应诉的胜利极大鼓舞了国内硫化机企业乃至所有外贸企业，为它们树立了应诉的成功样本，增强了外贸企业应对贸易摩擦的信心与勇气，有助于国内外贸行业的良性发展。

（二）及时对贸易环境分析是重中之重

自发生新冠疫情以来，国际贸易的船运费用大幅上涨，极大地侵蚀了企业出口贸易利润，打击了出口贸易积极性。作为轮胎硫化机的设备生产商，上游企业主要是钢材供应商、电气控制产品供应商（包括美国、德国、日本等知名电气元件供应商），其中的元器件供应受新冠疫情、芯片供应紧张等因素影响，有延期供货的情况发生。下游方面主要包括国内外各轮胎制造工厂，除受美国贸易制裁影响美国市场外（美国本土市场供货暂停），无其他影响。因此，建议国家及地方有关部门出台相关政策措施，在抑制船运费用上涨或补贴船运费用上加大力度；建议出口企业在签订产品出口合同时，尽量约定因反倾销等特殊情况下的利益损失免责条款。

（三）客观评估中国对印度出口硫化机情况

应对反倾销调查，首先要对自身出口情况进行全面客观分析。中国化工装备协会橡胶机械专业委员会主任曾指出印度对中国硫化机反倾销是毫无道理的：一方面中国对印度出口硫化机份额很少，在调查期间仅数十万台，占其总需求不足10%。二是中国对印度出口硫化机没有对印度硫化机产业造成损害。印度拉森特博洛有限公司是印度唯一向我国提出硫化机反倾销申请的企业，其2007年销售收入较上年增长53.8%，2008年在全球性金融危机下其销售收入再增4%，显而易见中国对印度出口硫化机并没有影响其产业的发展。面对反倾销调查，提供关键数据是获取胜算的重大砝码，所以对相关数据的科学整理并编写有说服力的证明材料尤为重要。

（四）产品质量过硬是应诉最大的优势

首先，中国向印度出口硫化机完全是市场行为，中国对印度销售硫化机的价格是合理的。桂林某橡胶公司是世界上最大硫化机制造商，批量向米其林、普利司通等提供硫化机，作为世界硫化机的领跑者没有向印度倾销硫化机的可能和必要。其次，印度硫化机的发展远没有中国成熟，尤其是100英寸以上的大规格硫化机印度还没有制造经验，印度企业的产品不能满足其市场需求。该制造工艺需要印度更长时间的技术积累，因此周期长、成本高。时下印度正在起步发展，工程机械子午线轮胎大规格硫化机只能选择从中国采购。对中国反倾销将不利于印度轮胎工业的发展。最后，中国向印度出口硫化机产品符合中印双边的利益。印度贸易协会律师认为印度申请人印度拉森特博洛有限公司提起申请的目的是阻止中国硫化机产品进入印度市场，以便其在印度国内硫化机市场形成价格垄断，最终损害的是印度轮胎产业的利益。中国向印度出口硫化机产品是一种共赢的局面，是促进双边密切联系、共谋发展的重要通道。期望中国橡机企业、印度轮胎企业及印度橡机企业能和谐共处、共同发展。